AF239966

Impressum
Verlag: BABADADA GmbH, Nedderfeld 112 , 22529 Hamburg
Geschäftsführer / Verlagsleitung: Harald Hof
Druck: Books on Demand GmbH, In de Tarpen 42, 22848 Norderstedt

Imprint
Publisher: BABADADA GmbH, Nedderfeld 112 , 22529 Hamburg, Germany
Managing Director / Publishing direction: Harald Hof
Print: Books on Demand GmbH, In de Tarpen 42, 22848 Norderstedt

xikolo
school

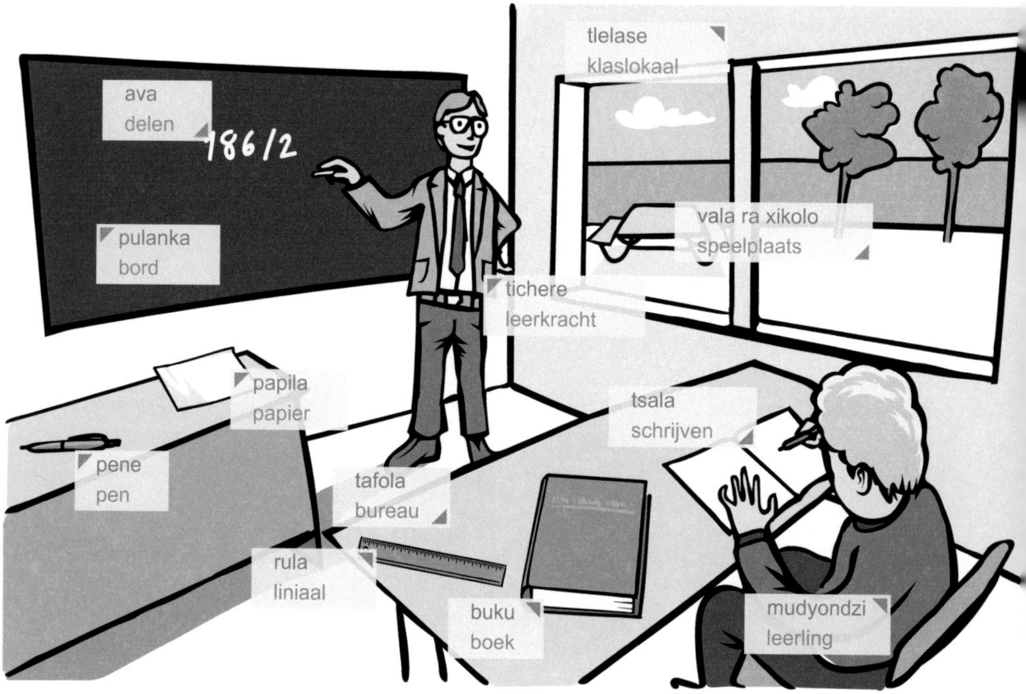

tlelase
klaslokaal
ava
delen
186/2
pulanka
bord
vala ra xikolo
speelplaats
tichere
leerkracht
papila
papier
tsala
schrijven
pene
pen
tafola
bureau
rula
liniaal
buku
boek
mudyondzi
leerling

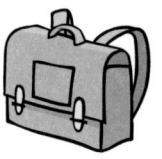

xinkwamana
schooltas

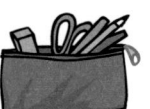

bokisi ra tipensele
pennenzak

pensele
potlood

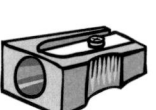

muchini wo vatla tipensele
puntenslijper

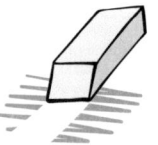

rhaba
gom

papilo ro dirowa
tekenblok

xifaniso lexi diroweke

tekening

burachi ro penda

verfborstel

bokisi ro penda

verfdoos

xikero

schaar

xidamarheti

lijm

buku ya xikolo

werkboek

ntirho wa le kaya

huiswerk

nombhoro

nummer

engeta

optellen

susa

aftrekken

andzisa

vermenigvuldigen

hlaya

rekenen

letere

letter

maletere

alfabet

rito

woord

rungula

tekst

hlaya

Lezen

choko

krijt

dyondzo

les

tsarisa

klassenboek

xikambelo

examen

xitifiketi

certificaat

swiambalo swa xikolo

schooluniform

dyondzo

onderwijs

nsonga-vutivi

encyclopedie

univhesiti

universiteit

makhiriskopu

microscoop

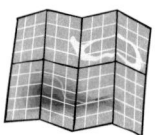

mepe

kaart

xikotela xo lahla maphepha

papiermand

kufamba
reis

hotele
hotel
hositele
jeugdherberg
ndhawu yo cinca mali
wisselkantoor
putumendhe
koffer
movha
auto

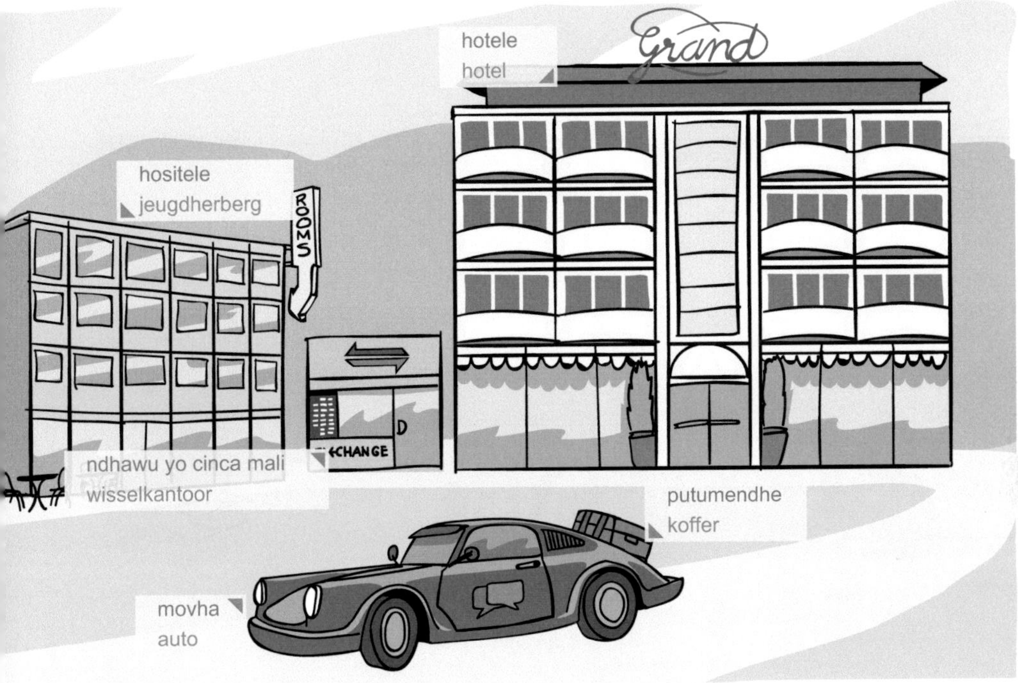

ririmi

Taal

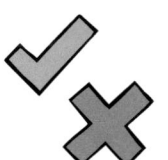

ina / e-e

ja / nee

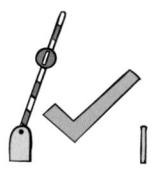

Swikahle

oké

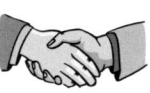

ahe

hallo

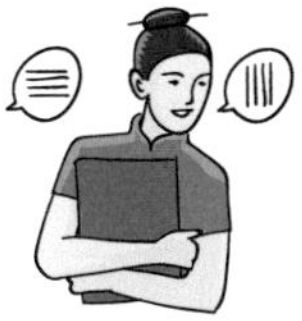

muhundzuluxeri

vertaler

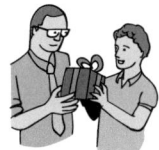

Ndza khensa

bedankt

ivungani…?

Hoeveel kost …?

Andzi twisisi

Ik begrijp het niet

nkinga

probleem

Riperile!

Goedenavond!

Maxelo ya kahle!

Goedemorgen!

Vusiku bya kahle!

Goedenavond!

sala kahle

Tot ziens

nkongomiso

richting

mindzhwalo

bagage

nkwama

zak

nkwama

rugzak

muendzi

gast

kamara

kamer

nkwama wo etlela

slaapzak

tende

tent

vuxokoxoko bya vaendzi

toeristeninformatie

ribuwa

strand

khadi ra xikweleti

kredietkaart

xifihlulo

ontbijt

swakudya swa ninhlekani

lunch

swakudya swa nimadyambu

avondeten

thikithi

ticket

kheshe

lift

xitempe

postzegel

ndzilakana

grens

mikhuva

douane

hovisi ya vuyimeri ya tiko

ambassade

visa

visum

pasi ro endza

paspoort

swilo swo famba
transport

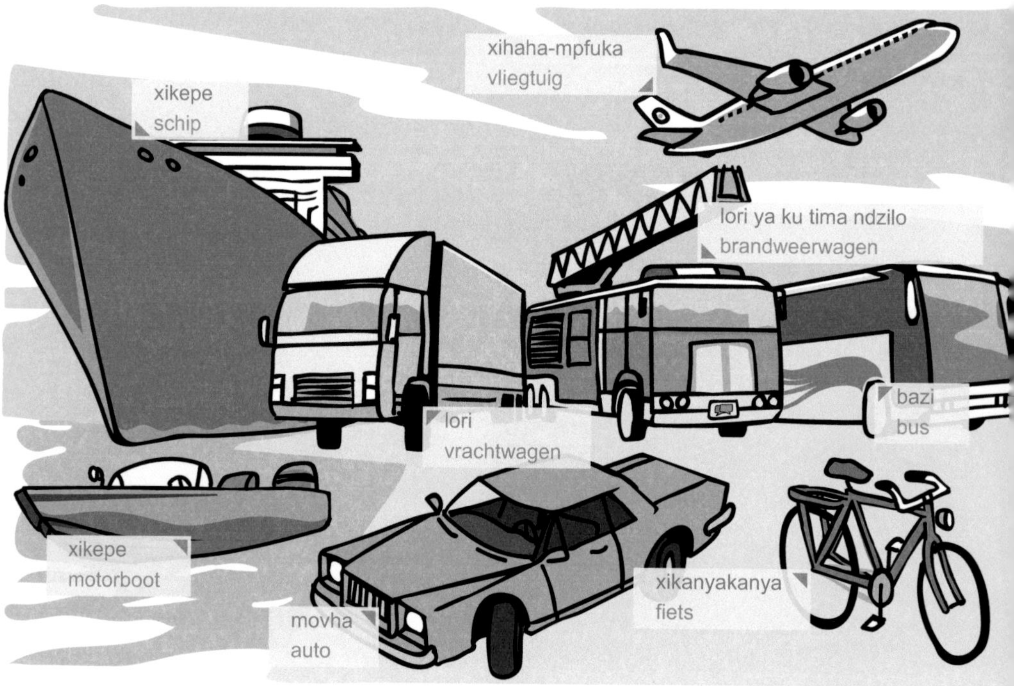
xihaha-mpfuka
vliegtuig
xikepe
schip
lori ya ku tima ndzilo
brandweerwagen
bazi
bus
lori
vrachtwagen
xikepe
motorboot
xikanyakanya
fiets
movha
auto

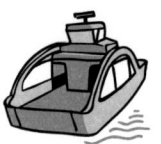

xikepe

veerboot

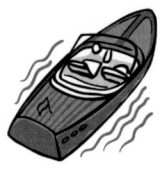

xikepe

boot

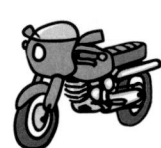

xithuthuthu

motor

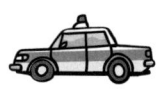

movha wa maphorisa

politiewagen

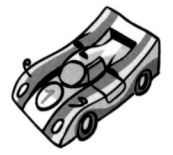

movha wa mphikizano

racewagen

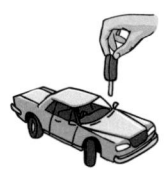

movha yo lombiwa

huurauto

ku avelana hi movha

carpoolen

lori yo koka timovha

sleepwagen

lori yo rhwala chaka

vuilniswagen

njhini

motor

mafurha

benzine

ndhawu yo xavisa petirolo

benzinestation

mpfungo wa le patwini

verkeersbord

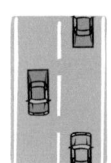

mafambelo ya mimovha

verkeer

ntlimbano wa timovha

file

phaki ya timovha

parkeerplaats

xitichi xa xitimela

station

mintila

sporen

xitimela

trein

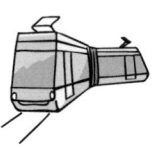

banzi leri fambaka
exiporweni

tram

kalichi

wagon

xihaha-mpfuka-phatsa

helikopter

rivala ra siwhaha-mpfuka

luchthaven

xihondzo

toren

mukhandziyi

passagier

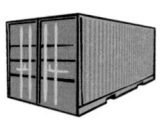

bokisi

container

bokisi

karton

kalichi

kar

xirhundzi

mand

suka / tshama

opstijgen / landen

doroba

stad

muti

dorp

nkava wa doroba

stadscentrum

yindlu

huis

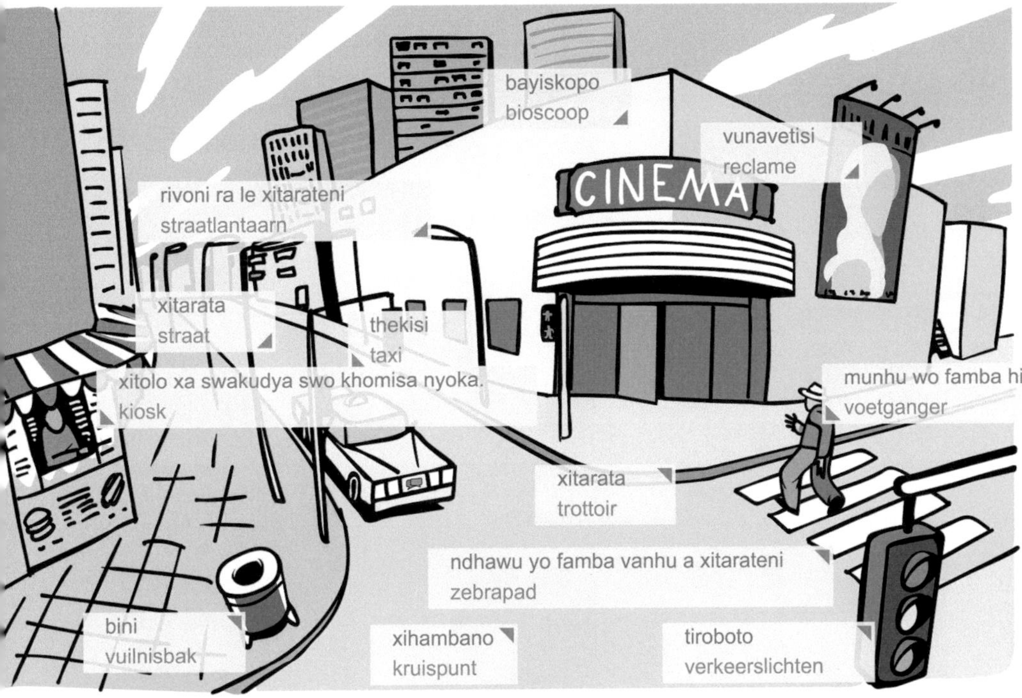

bayiskopo
bioscoop

vunavetisi
reclame

rivoni ra le xitarateni
straatlantaarn

CINEMA

xitarata
straat

thekisi
taxi

xitolo xa swakudya swo khomisa nyoka.
kiosk

munhu wo famba hi
voetganger

xitarata
trottoir

ndhawu yo famba vanhu a xitarateni
zebrapad

bini
vuilnisbak

xihambano
kruispunt

tiroboto
verkeerslichten

xiyindlwana xa byanyi
....
hut

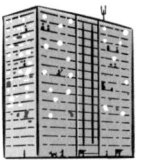

yindlu
....
woning

xitichi xa xitimela
....
station

holo ya vanhu
....
stadshuis

muziyamu
....
museum

xikolo
....
school

univhesiti

universiteit

bangi

bank

xibedlhele

ziekenhuis

hotele

hotel

xitolo xa miri

apotheek

hofisi

kantoor

xitolo xa tibuku

boekwinkel

xitolo

winkel

xitolo xa swiluva

bloemenwinkel

xitolo le xikulu swinene

supermarkt

makete

markt

xitolo le xikulu

warenhuis

xitolo xa tinhlampfi.

vishandelaar

ndhawu ya switolo

winkelcentrum

hlaluko

haven

phaka

park

bence

bank

buloho

brug

switepisi

trap

ehansi ka misava

metro

muhocho

tunnel

xitichi xa tibanzi

bushalte

barha

bar

rhesiturente

restaurant

bokisi ra poso

brievenbus

mfungho wa xitarata

straatnaambord

muchini wa mali ya ku phaka

parkeermeter

ntanga wa swiharhi

zoo

damu ro xambela

zwembad

mosque

moskee

purasi
boerderij

nthyakiso
milieuverontreiniging

masirha
kerkhof

kereke
kerk

rivala ra mintlangu
speelplaats

tempele
tempel

ndhawu
landschap

tluka
blad

mfungho wa gondzo
wegwijzer

ndlela
weg

byanyi byo tala
weide

ribye
steen

munhu wo khandziya tintshava
wandelaar

murhi
boom

nambu
rivier

byanyi
gras

xiluva
bloem

nkova

vallei

xitsunga

heuvel

tiva

meer

khwati

bos

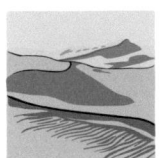

mananga

woestijn

volkheno

vulkaan

ntsinda

kasteel

nkwangulatilo

regenboog

swikowa

paddenstoel

murhi wa nchindzu

palmboom

nsuna

mug

haha

vlieg

vusokoti

mier

nyoxi

bijl

puma

spin

xifufunhunu

kever

chele

kikker

maxindyana

eekhoorn

nhloni

egel

mfundla

haas

xikhova

uil

xinyenyane

vogel

sekwa

zwaan

ngluve ya nhova

wild zwijn

mhunti

hert

mhofu

eland

damu

dam

xipelupelu xa moya

windturbine

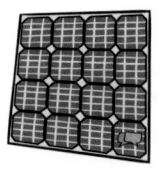

bodo leyi tswongaka kuhisa
ka dyambu

zonnepaneel

maxelo

klimaat

rhesiturente

restaurant

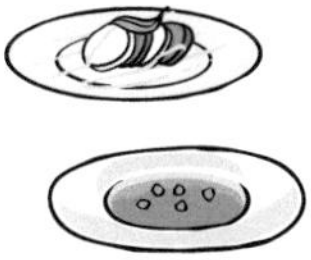

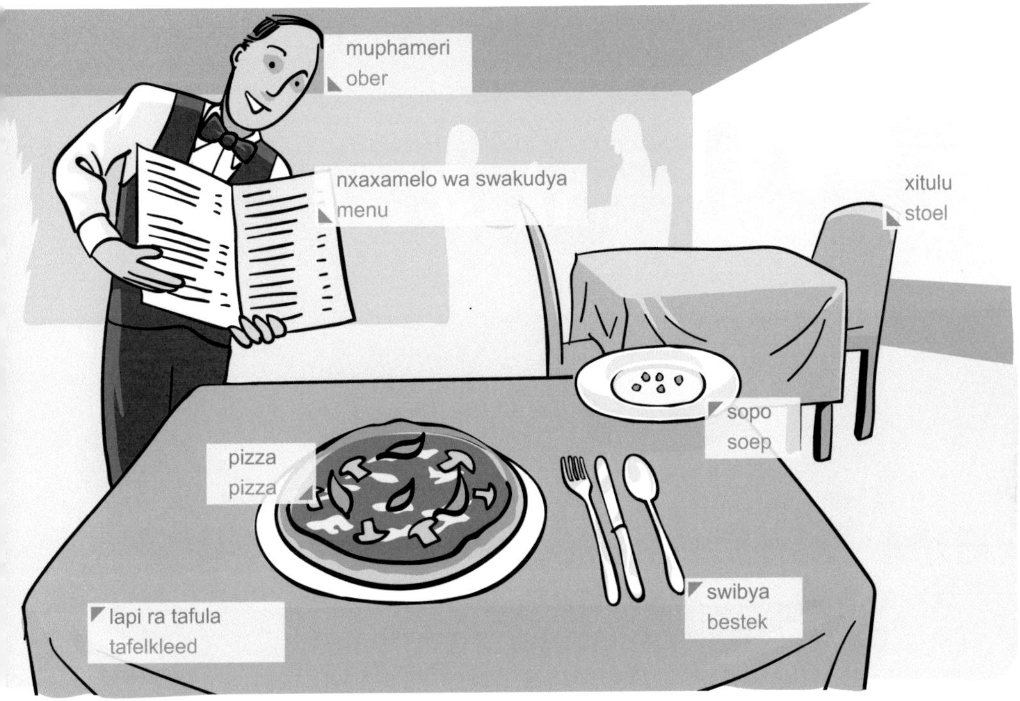
muphameri
ober
nxaxamelo wa swakudya
menu
xitulu
stoel
sopo
soep
pizza
pizza
swibya
bestek
lapi ra tafula
tafelkleed

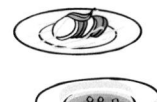

swakudya swa ku naveta

voorgerecht

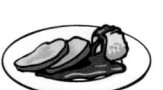

swakudya

hoofdgerecht

swo rhelerisa

nagerecht

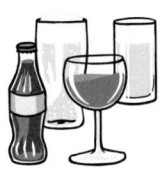

swakunwa

drankjes

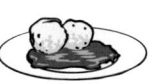

swakudya

eten

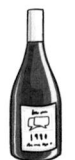

bodlhela

fles

swakudya swa xihatla

fastfood

swakudya swa le ndleleni

street food

mbita ya tiya

theepot

xibye xa chukela

suikerpot

xiphemu

portie

muchini wa espresso

espressomachine

xitulu xa le henhla

kinderstoel

swikweleti

rekening

thireyi

dienblad

mukwana

mes

foroko

vork

lepula

lepel

xilepulana

theelepel

phepha ro sula nomu

serviette

nghilazi

glas

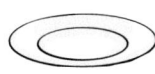

pleti

bord

pleti ya sopo

soepbord

sosara

schoteltje

murhu

saus

xilo xo chele munyu

zoutvatje

xilo xo gaya

pepermolen

vhiniga

azijn

mafurha

olie

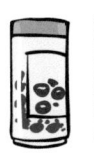

swinyunyeteri

kruiden

ketchup

ketchup

mustard

mosterd

mayonasi

mayonaise

xitolo le xikulu swinene

supermarkt

nyiko yo hlawuleka
aanbieding
FOR
muxavi
klant
ntsamba
zuivelproducten
mihandzu
fruit
xikocikara
winkelwagen

BUTCHERS

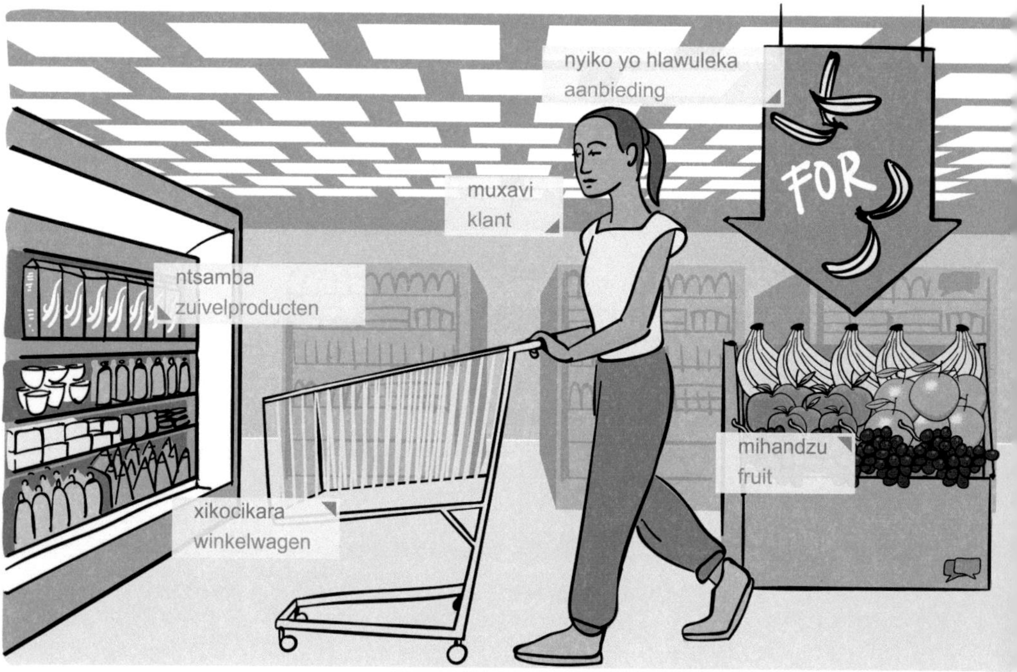

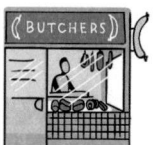

buchara

slagerij

BAKERY

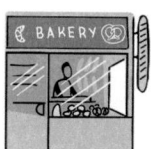

bekari

bakkerij

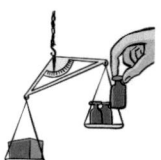

ringanyeta

wegen

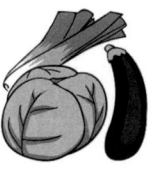

swìmila

groenten

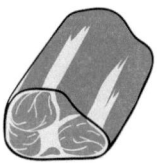

nyama

vlees

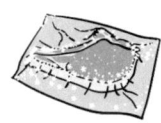

swakudya swo titimela

diepvriesvoedsel

nyama

charcuterie

swakudya leswi nga thinini

conserven

mapa yo hlanswa

waspoeder

malekere

snoep

switirhisiwa swa le ndlwini

huishoudproducten

swilo swo basisa

schoonmaakproducten

munhu wo xavisa

verkoopster

thili

kassa

muamukeli wa timali

kassier

nxaxamelo wa swo xaviwa

boodschappenlijstje

nkarhi wa ku tirha

openingstijden

nkwama wa mali

portefeuille

khadi ra xikweleti

kredietkaart

nkwama

tas

nkwama wa pulasitiki

plastieken zakje

mati

water

ntsutsu

sap

meleke

melk

coke

cola

vhinyo

wijn

byalwa

bier

byala

alcohol

cocoa

cacao

tiya

thee

kofi

koffie

espresso

espresso

cappuccino

cappuccino

banana

banaan

apula

appel

lamula

sinaasappel

kalabatla

meloen

swiri

citroen

kherotsi

wortel

swinyalana

knoflook

musengele

bamboe

nyala

ajuin

swikowa

champignon

timanga

noten

makaroni ya nyama

noodles

spaghetti

spaghetti

rhayisi

rijst

saladi

salade

machipisi

frieten

nhlata wo katingiwa

gebakken aardappelen

pizza

pizza

hamburger

hamburger

xinkwa

sandwich

cutlet

kalfslapje

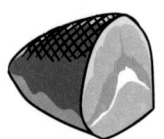

ham

ham

salami

salami

soseji

worst

huku

kip

katinga

braden

hlampfi

vis

oats
havervlokken

muesli
muesli

rivele-ndzoho
cornflakes

filawa
bloem

bantsi
croissant

xinkwa
pistolet

xinkwa
brood

xinkwa xo oxiwa
toast

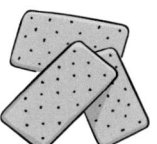

makokisi
koekjes

botere
boter

ribomba ra tswamba
kwark

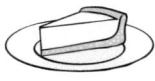

khekhe
taart

tandza
ei

matandza lama katingiweke
spiegelei

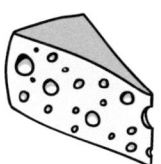

chizi
kaas

ayisi khrimi

ijs

chukela

suiker

vulombe

honing

jamu

confituur

botere ya chokoleti

choco

curry

curry

purasi
boerderij

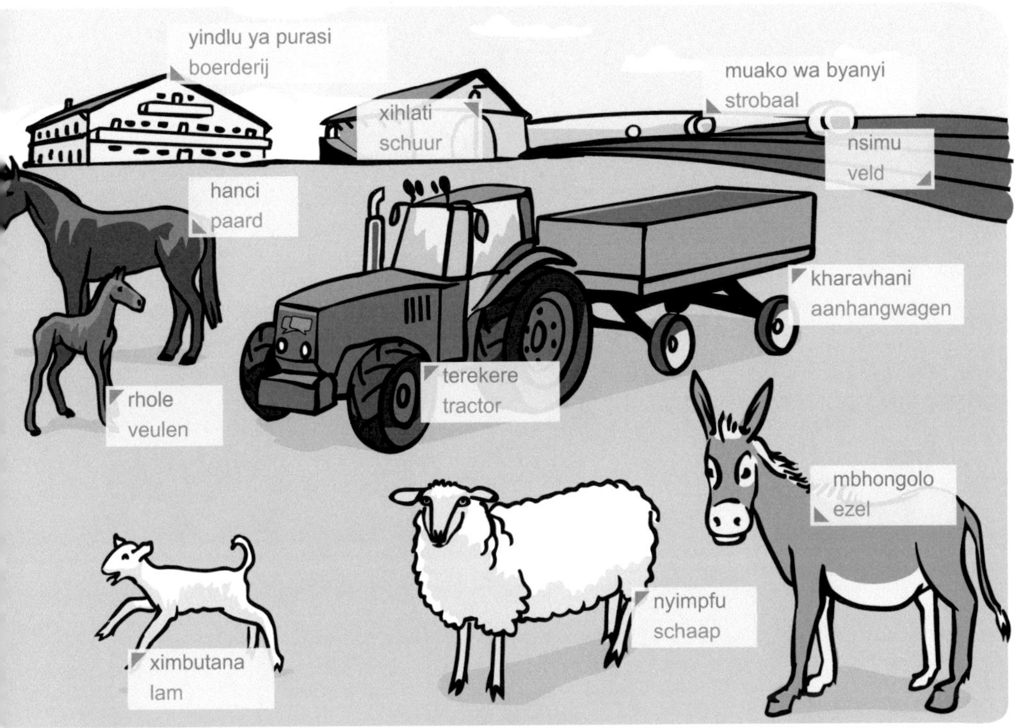
yindlu ya purasi
boerderij
xihlati
schuur
muako wa byanyi
strobaal
nsimu
veld
hanci
paard
kharavhani
aanhangwagen
terekere
tractor
rhole
veulen
mbhongolo
ezel
nyimpfu
schaap
ximbutana
lam

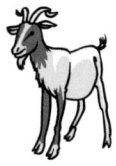

mhunti

geit

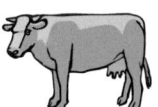

homu

koe

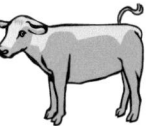

rhole

kalf

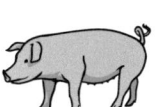

nguluve

varken

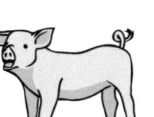

xingulubyana

biggetje

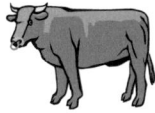

nkuzi

stier

sekwa

gans

sweka

eend

xikukwana

kuiken

mbhaha

kip

nkuku

haan

kondlo

rat

ximanga

kat

kondlo

muis

homu

os

mbyana

hond

yindlu ya mbyana

hondenhok

payipi ya mati

tuinslang

xilo xo chelela mati

gieter

nsimbi yo tsema

zeis

xikomu

ploeg

purasi - boerderij

sikele

sikkel

xikomu

schoffel

foroko le yikulu

hooivork

xihloka

bijl

bara

kruiwagen

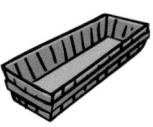

xitsengele

trog

xilo xo chela ntswamba

melkkan

saka

zak

rirhangu

hek

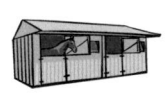

xivala

stal

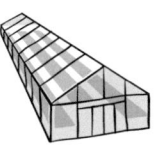

yindlu ya vuhlayiselo bya
swimilana

broeikas

misava

bodem

mbewu

zaad

swinonisi

mest

muchini wa ku tshovela

maaidorser

tshovela

oogsten

ntshovelo

oogst

mintsumbula

yam

koroni

tarwe

tinyawa

soja

nhlata

aardappel

koroni

maïs

rapeseed

koolzaad

nsinya wa mihandzu

fruitboom

ntsumbula

maniok

swakudya swa tidzoho

graan

yindlu
huis

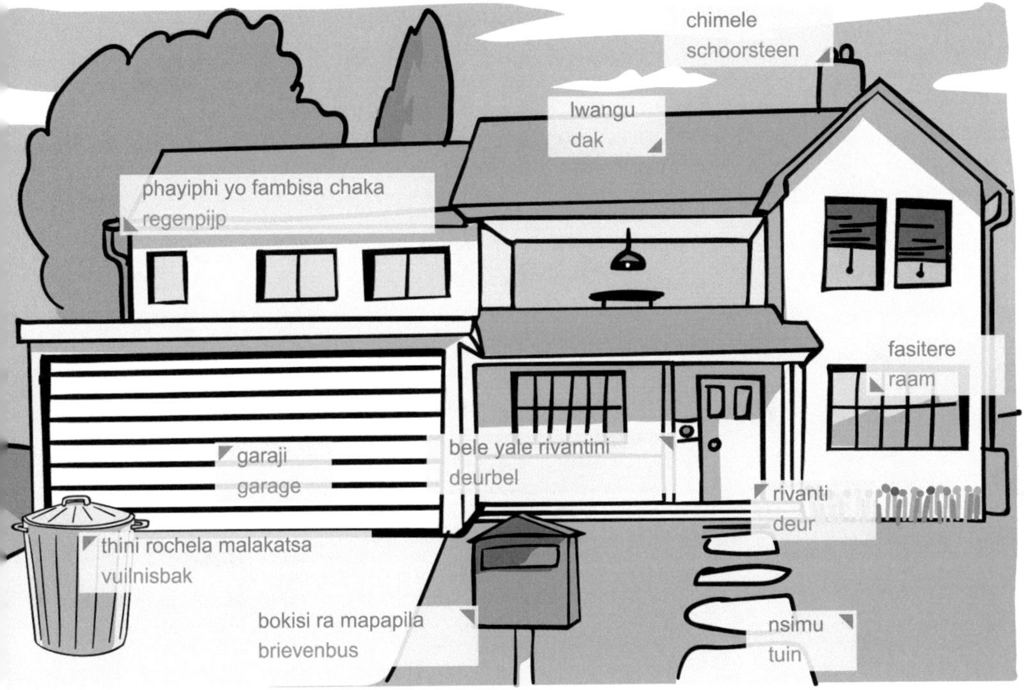
chimele
schoorsteen
lwangu
dak
phayiphi yo fambisa chaka
regenpijp
fasitere
raam
garaji
garage
bele yale rivantini
deurbel
rivanti
deur
thini rochela malakatsa
vuilnisbak
bokisi ra mapapila
brievenbus
nsimu
tuin

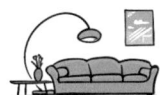

kamara ro tshama

woonkamer

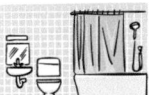

kamara yo hlambela

badkamer

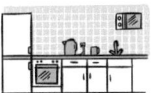

khishini

keuken

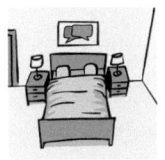

kamera ro etlela

slaapkamer

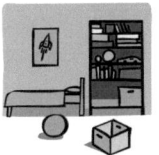

kamana ya vana

kinderkamer

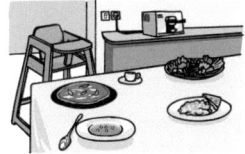

ndhawu yo dyela

eetkamer

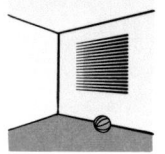

ehansi

vloer

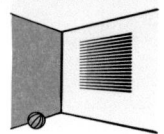

khumbi

muur

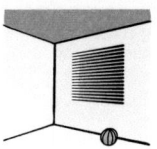

silingi

plafond

kamera ra le hansi

kelder

phungula

sauna

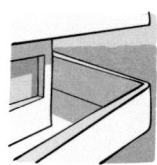

rikupakupa

balkon

tshala

terras

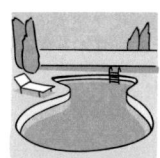

damu

zwembad

muchini wo tsema byanyi

grasmaaier

nkumba

dekbedovertrek

swo andlalela mubedo

dekbed

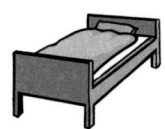

mubedo

bed

nkukulu

bezem

bakiti

emmer

swichi

schakelaar

kamara ro tshama
woonkamer

phepha ra le khumbini
behangpapier
xifaniso
foto
rivoni
lamp
xelufu
schap
khabodo
kast
thelevhixini
televisie
xitiko
open haard
xiluva
bloem
xikhengele
kussen
sofa
sofa
mbita
vaas
xilawula-kule
afstandsbediening

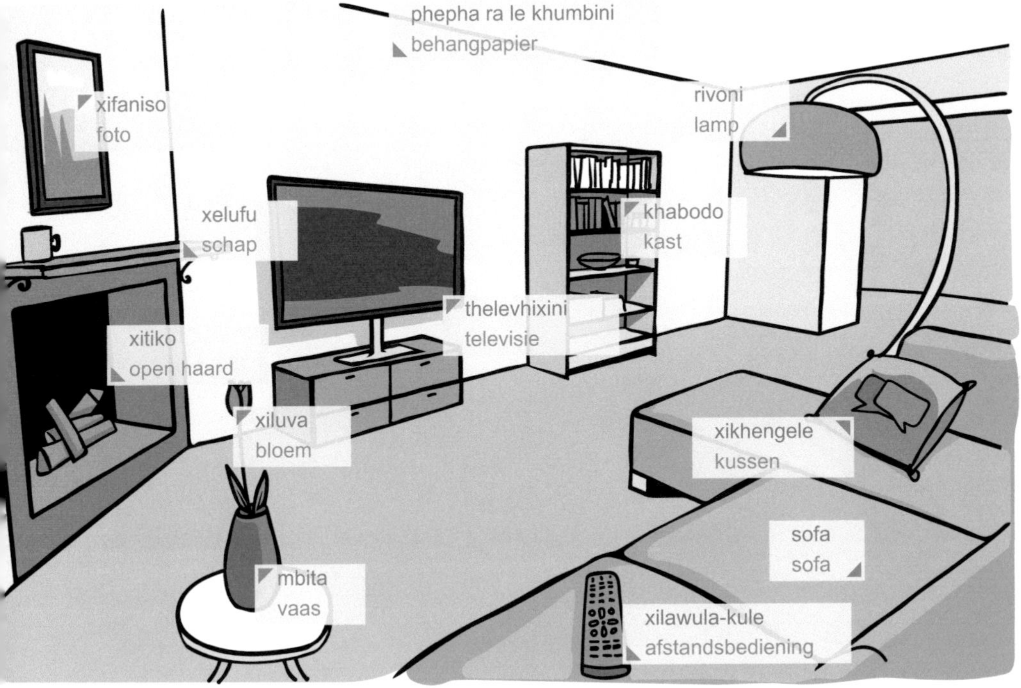

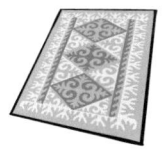

khapete

mat

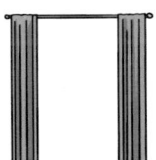

khethenisi

gordijn

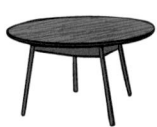

tafula

tafel

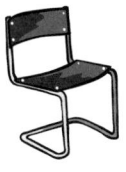

xitulu

stoel

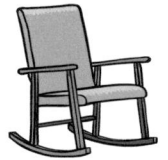

xitulu xo mbuwetela

schommelstoel

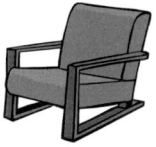

xitulu xo tlhandleka mavoko

fauteuil

buku

boek

nkumba

deken

nkhaviso

decoratie

tihunyi

brandhout

filimi

film

muchini wa hi-fi

stereo-installatie

xinotlelo

sleutel

phepha-hungu

krant

xifaniso lexi vatliweke

schilderij

bodo ya xifaniso

poster

xiya-ni-moya

radio

buku yo tsala tinhla

notitieboekje

hoover

stofzuiger

xiluva xa cactus

cactus

khandlela

kaars

khishini

keuken

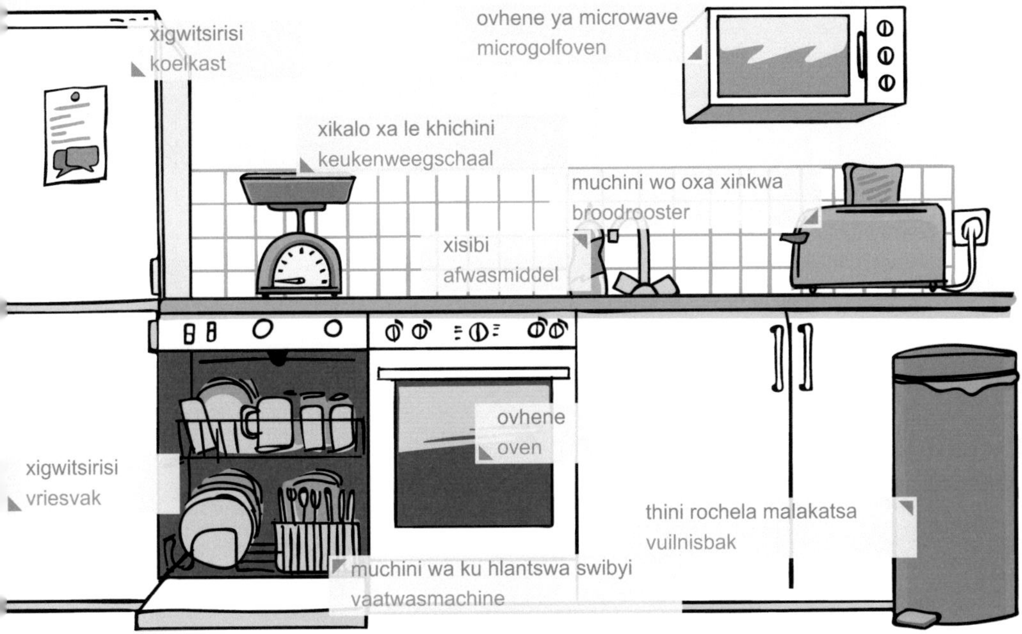

xigwitsirisi
koelkast
ovhene ya microwave
microgolfoven
xikalo xa le khichini
keukenweegschaal
muchini wo oxa xinkwa
broodrooster
xisibi
afwasmiddel
ovhene
oven
xigwitsirisi
vriesvak
thini rochela malakatsa
vuilnisbak
muchini wa ku hlantswa swibyi
vaatwasmachine

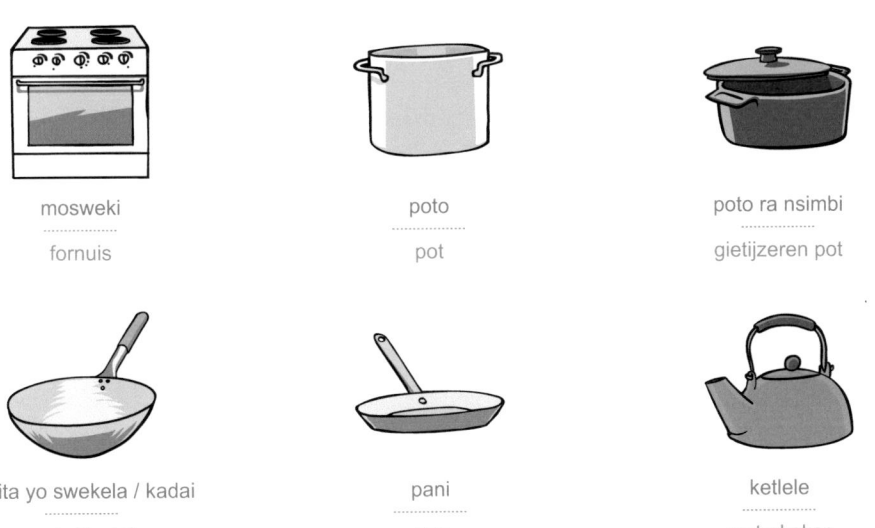

mosweki

fornuis

poto

pot

poto ra nsimbi

gietijzeren pot

mbita yo swekela / kadai

wok / kadai

pani

pan

ketlele

waterkoker

xo sweka hi nkahelo

stoomkoker

thireyi ya ku baka

bakplaat

swibya

servies

xikomichana

mok

ximbitana

kom

ti-chopstick

eetstokjes

xipunu

pollepel

spatula

spatel

muchini wo hlanganisa

garde

sefo

vergiet

xisefo

zeef

xilo xo tsemelela

rasp

xibye

mortier

nyama yo oshiwa

barbecue

ndzilo

haardvuur

bodo ya ku tsemelela
snijplank

mhandzi yo andlala fulawa
deegrol

xo pfula mabodlhela
kurkentrekker

thini
blik

xo pfula mathini
blikopener

xo khoma poto
pannenlap

zinki
gootsteen

buracha
borstel

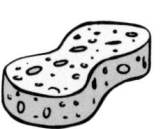

xiponci
spons

xilo lexi hlanganiselaka
blender

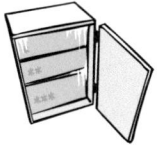

xigwitsirisi
vriezer

bodlhela ra n'wana
papfles

pompi
kraan

khishini - keuken

kamara yo hlambela

badkamer

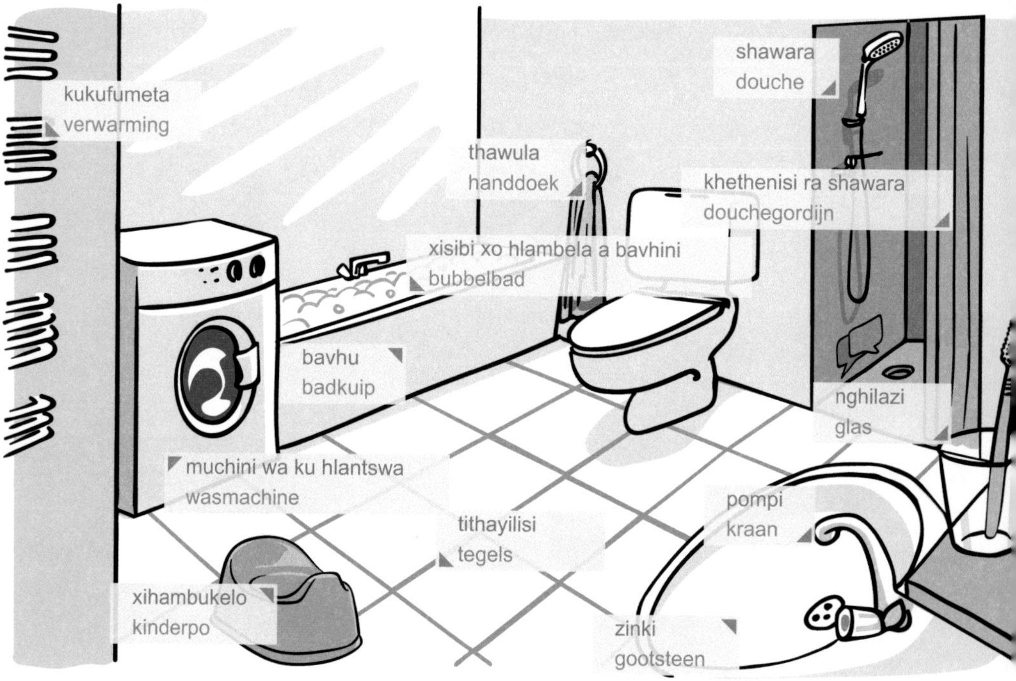

kukufumeta
verwarming
shawara
douche
thawula
handdoek
khethenisi ra shawara
douchegordijn
xisibi xo hlambela a bavhini
bubbelbad
bavhu
badkuip
nghilazi
glas
muchini wa ku hlantswa
wasmachine
pompi
kraan
tithayilisi
tegels
xihambukelo
kinderpo
zinki
gootsteen

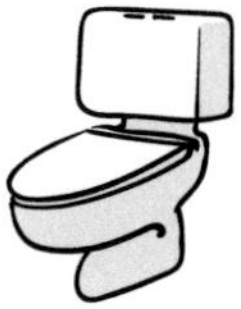

xihambukelo

toilet

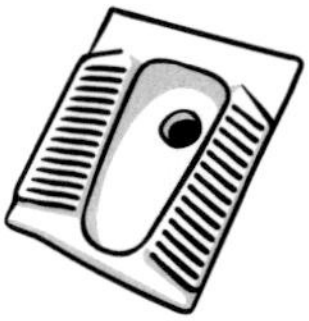

xihambukelo

hurktoilet

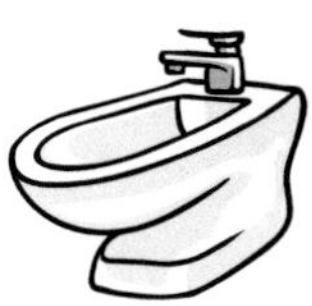

bidet

bidet

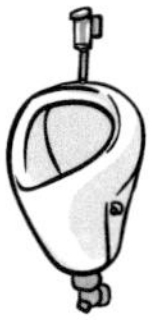

ndhawu yo tsakamisela

urinoir

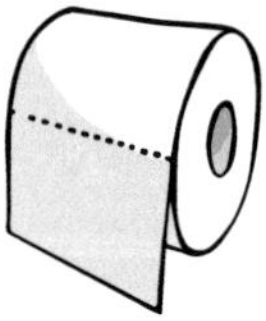

papila ra xihambukelo

toiletpapier

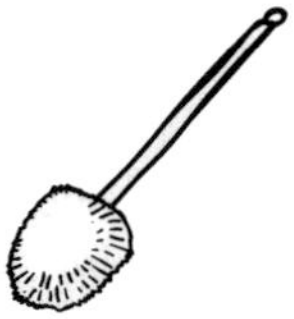

burachi bya xihambukelo

toiletborstel

burachi bya meno

tandenborstel

xisibi xa meno

tandpasta

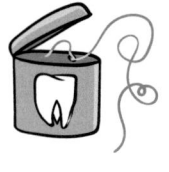

xo basisa exikarhi ka meno

flosdraad

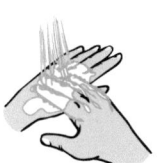

hlamba

wassen

xawara yo khomiwa hivoko

handdouche

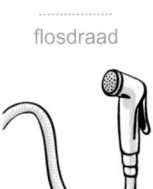

douche

bidethanddouche

xihlambelo

waskom

buracha ra nhlana

rugborstel

xisibi

zeep

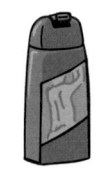

xisibi xa xawara

douchegel

shampoo

shampoo

swilapana

washandje

xinambyana

afvoer

rivomba

crème

xinhuherisi

deodorant

xivoni

spiegel

xivoni xo khomiwa hivoko

handspiegel

rikarhi

scheermes

xisibi so susa malevu

scheerschuim

mafurha ya kutola loku u
heta ku tsemeta malevu

aftershave

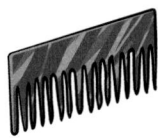

kama

kam

buracha

borstel

muchini wo omisa mosisi

haardroger

mafurha yo tola mosisi

haarlak

xo tisasekisa

make-up

xotota nomo

lippenstift

xo tota minwala

nagellak

kotoni

watten

xo tsema minwala

nagelknipper

xinhuherisi

parfum

nkwama wa le
xihambukelweni

toilettas

nchuluko

kruk

xikalo

weegschaal

nguvu yo hlamba

badjas

tiglovhu ta raba

latex handschoenen

tampon

tampon

thawula ra ku basisa

maandverband

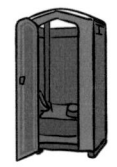

xihambukelo xa le handle

chemisch toilet

kamana ya vana

kinderkamer

alamu ya wachi
wekker
xo tlanga sa ku etlela
knuffel
movha ya ku tlangisa
speelgoedauto
xokocokoco
rammelaar
yindlu ya swipopana
poppenhuis
nyiko
geschenk

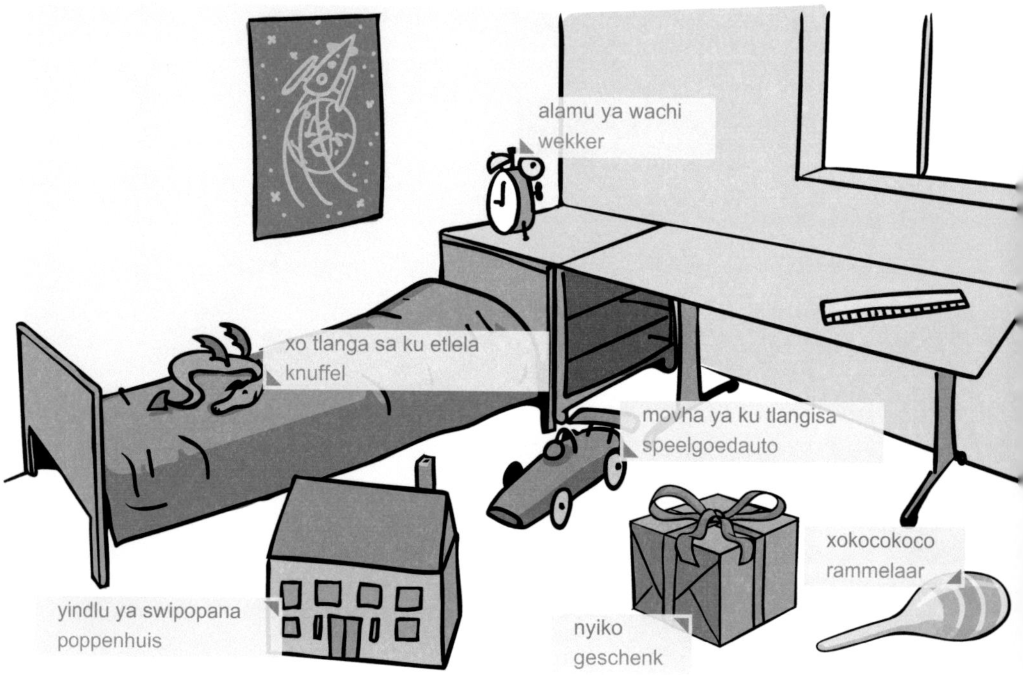

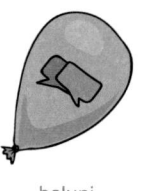

baluni

ballon

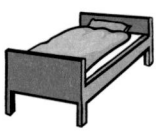

mubedo

bed

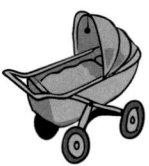

pureme

kinderwagen

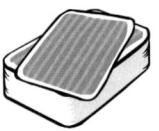

makhadi

spel kaarten

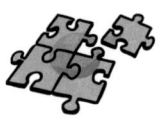

jigsaw

puzzel

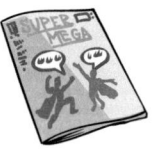

khomiki

stripboek

sw#tina swa lego

legoblokjes

swiaki

blokken

xo tlanga xa vana

actiefiguur

swiambalo swa nwana

kruippakje

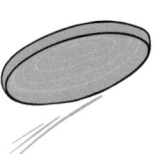

Frisbee

frisbee

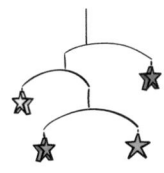

mobile

mobiel

ntlango wa le bodweni

bordspel

dayisi

dobbelsteen

xitimela xo tlanga

modelspoorweg

xo tlangisa vana

fopspeen

nkhuvo

feest

buku ya swifaniso

prentenboek

bolo

bal

xipopana

pop

tlanga

spelen

khele ra sava

zandbak

muchinginya

schommel

swilo swo tlangisa

speelgoed

mintlango ya vhidiyo

spelconsole

xithuthuthu xa mivhilwa
manharhu

driewieler

tibere to tlangisa

knuffelbeer

wadirobo

kleerkast

swiambalo
kleding

masokisi

sokken

masokisi

kousen

buruku byo tlimba

maillot

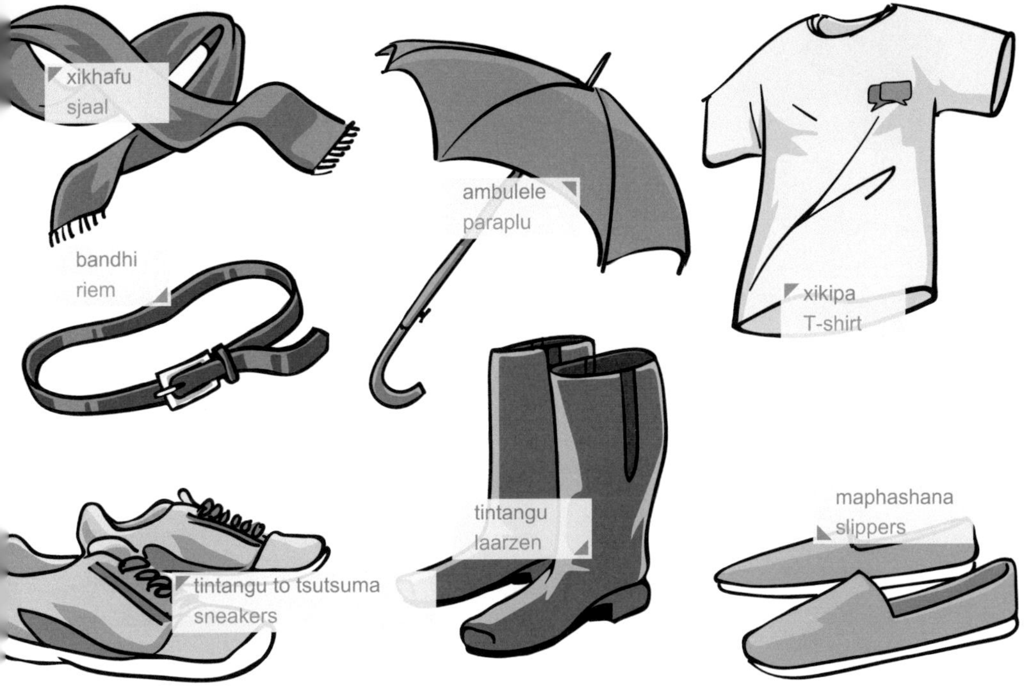

xikhafu
sjaal

ambulele
paraplu

bandhi
riem

xikipa
T-shirt

tintangu
laarzen

maphashana
slippers

tintangu to tsutsuma
sneakers

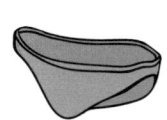

maphashana
....
sandalen

tintangu
....
schoenen

majombo ya raba
....
rubberlaarzen

maburuko ya le ndzeni
....
onderbroek

bodi
....
beha

xikipa xa le ndzeni
....
onderhemd

miri
lichaam

maburuko
broek

bokati
jeans

xiketi
rok

bulawusi
blouse

hembe
hemd

jesi
trui

jazi ro fingeneta nhloko
capuchontrui

buleyizara
blazer

baji
jas

nghuvo
jas

jazi rampfula
regenjas

swiambalo
kostuum

swiambalo
jurk

rhoko ya mucato
trouwjurk

sudu

pak

xiambalo xo etlela

nachthemd

swi ambalo swo etlela

pyjama

sari

sari

xikhafu

hoofddoek

duku

tulband

burqa

boerka

swi ambalo

kaftan

abaya

abaya

swiambalo swo hlambela

badpak

maburuko ya le ndzeni

zwembroek

buruku ro koma

short

tracksuit

trainingspak

fasikoti

schort

maglilavhu

handschoenen

kunupu

knoop

manghilazi ya mahlo

bril

sindza

armband

vuhlalu

ketting

xingwaxila

ring

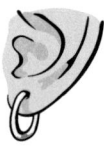

vo sasekisa tindleve

oorbel

kepisi

pet

hangara ya nghuvo

kapstok

xigqoko

hoed

thayi

das

zipi

rits

xihuku

helm

minxongotelo

bretellen

swiambalo swa xikolo

schooluniform

yunifomo

uniform

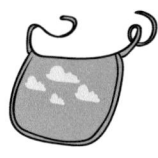

bibi

slabbetje

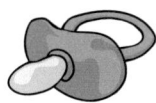

xo tlangisa vana

fopspeen

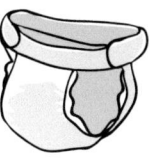

leyiri

luier

hofisi

kantoor

server
server
khabodo yo beka tifayili
dossierkast
muchini wa ku kandziyisa
printer
papila
papier
xikirini
monitor
mouse
muis
tafola
bureau
xilo xo veka swiphephana
map
keyboard
toestenbord
xikotela xo lahla maphepha
papiermand
khompyuta
computer
xitulo
stoel

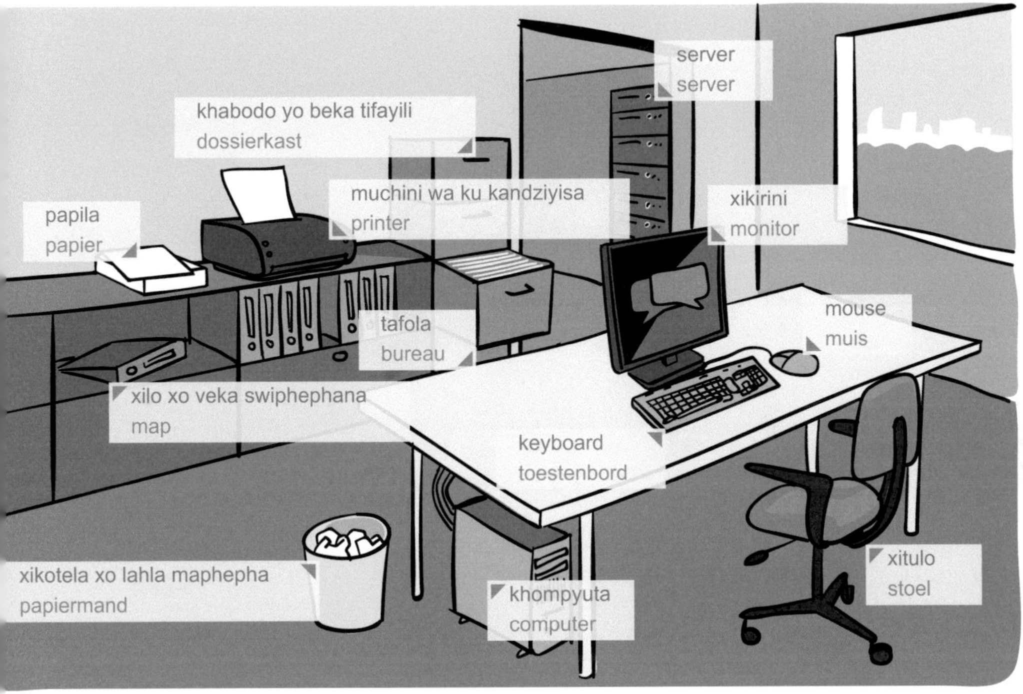

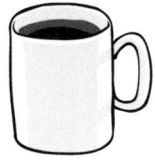

bikiri ra kofi

koffiemok

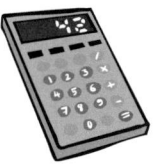

muchini wo hlaya

rekenmachine

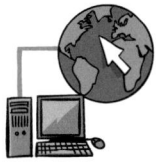

internet

internet

laptop

laptop

papila

brief

rungula

bericht

foni

gsm

network

netwerk

muchini wo endla tikopi

kopieerapparaat

progreme ya khompyuta

software

riqingho

telefoon

pulagi ya gezi

stopcontact

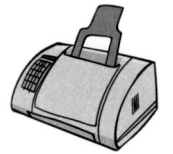

muchini wo rhumela rungula

fax

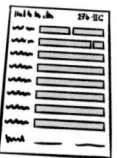

fomo

formulier

papila

document

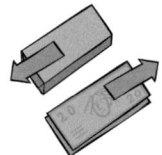

xava

kopen

hakela

betalen

xavisa

handelen

mali

geld

USD

dolara

dollar

EUR

euro

euro

JPY

yen

yen

RUB

rouble

roebel

CHF

Swiss franc

Zwitserse frank

CNY

renminb yuan

Chinese renminbi

INR

rupee

roepie

muchini wa mali

geldautomaat

ndhawu yo cinca mali

wisselkantoor

nsuku

goud

silivhere

zilver

mafurha

olie

matimba

energie

hakelo

prijs

ntwanano

contract

xibalo

belasting

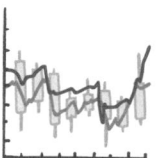

nundzu ya timali

aandeel

tirha

werken

mutirhi

werknemer

mothorhi

werkgever

fektri

fabriek

xitolo

winkel

mintirho
beroepen

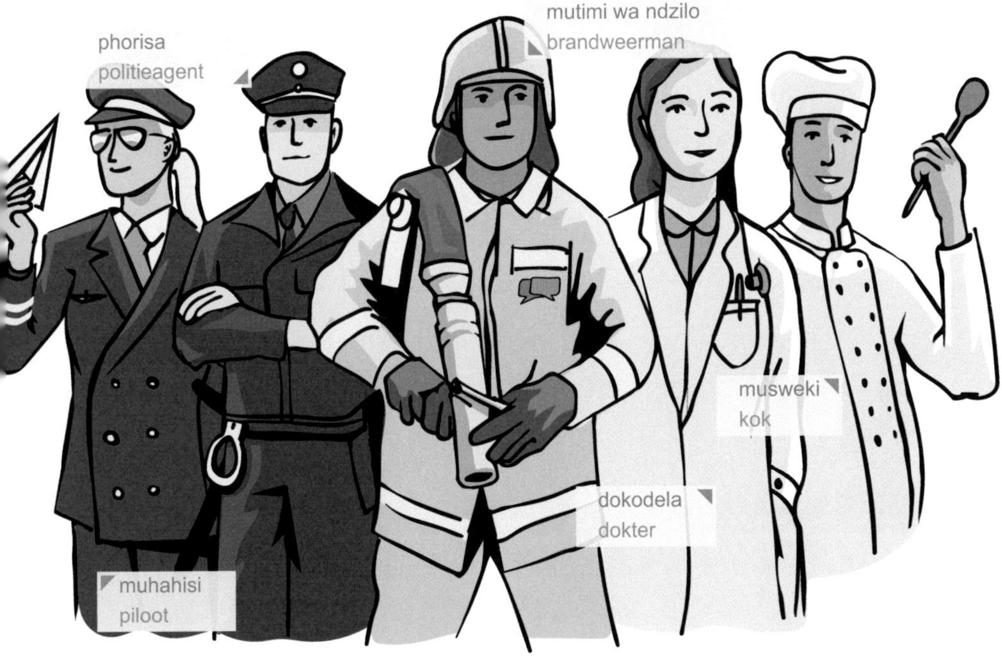
mutimi wa ndzilo
brandweerman
phorisa
politieagent
musweki
kok
dokodela
dokter
muhahisi
piloot

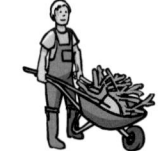

muhlayi wa ntanga

tuinman

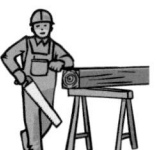

muvatli

timmerman

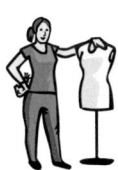

murungi

naaister

muavanyisi

rechter

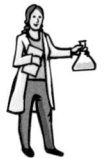

xitshunguri

chemicus

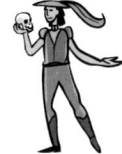

mutlangi

acteur

muchaeri wa tibazi

buschauffeur

muchayeri wa thekisi

taxichauffeur

muphasi wa tinhlampfi

visser

wansati wa ku basisa

schoonmaakster

mufuleri

dakdekker

muphameri

ober

muhloti

jager

mupendi

schilder

mubaki

bakker

mutivi wagezi

elektricien

muaki

bouwvakker

munjiniyara

ingenieur

muxavisi wa nyama

slager

muplambara

loodgieter

muheleketi wa poso

postbode

socha

soldaat

mumpfampfarhuti

architect

muamukeli wa timali

kassier

muxavisi wa swiluva

bloemist

mululamisi wa misisi

kapper

mufambisi

conducteur

nunhu wo lungisa timovha

mecanicien

mulawuri

kapitein

dokotela wa matinho

tandarts

mutivi wa sayensi

wetenschapper

mufundisi

rabbijn

murhangeri

imam

nghwendza

monnik

mfundisi

geestelijke

switirhisiwa

werktuigen

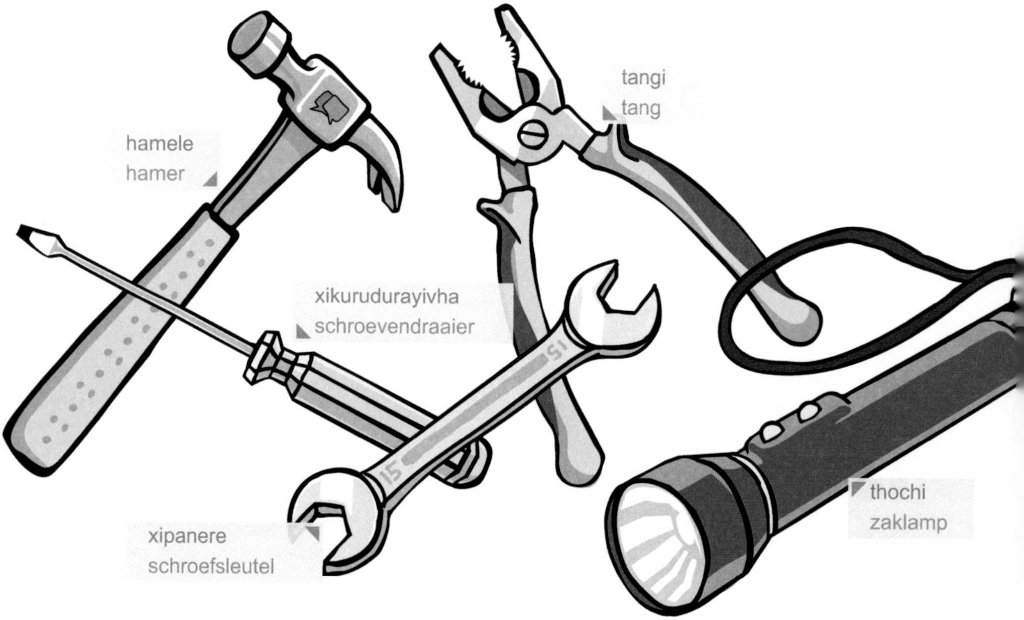

tangi
tang
hamele
hamer
xikurudurayivha
schroevendraaier
thochi
zaklamp
xipanere
schroefsleutel

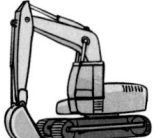

muchini wo cela

graafmachine

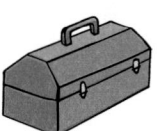

bokisi ra switirhisiwa

gereedschapskoffer

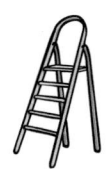

xitepisi

ladder

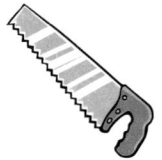

saha

zaag

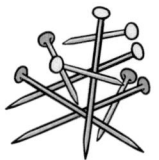

swipikiri

spijkers

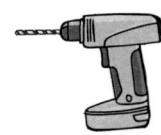

muchini wo boxa

boormachine

lunghisa

repareren

foxolo

schop

Thyaka!

Verdomme!

nchumu wo susa ritshuri

blik

mbita ya pende

verfpot

bawuti

schroeven

swichayachayana
muziekinstrumenten

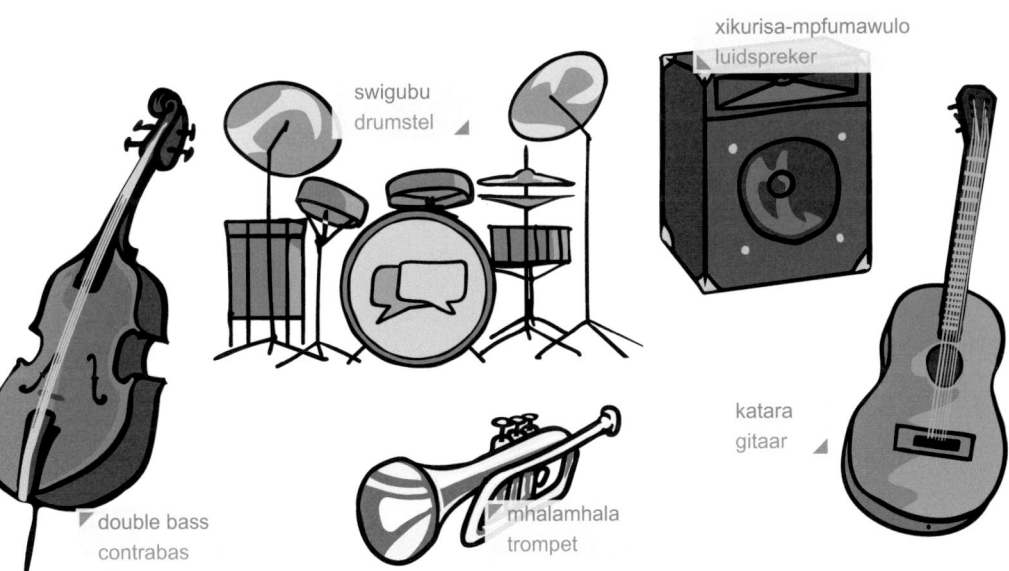

swigubu
drumstel

xikurisa-mpfumawulo
luidspreker

katara
gitaar

double bass
contrabas

mhalamhala
trompet

piyano

piano

violin

viool

bass

basgitaar

timpani

pauk

xigubu

trommels

keyboard

keyboard

saxophone

saxofoon

xitiringo

fluit

xikurisa-marito

microfoon

ntanga wa swiharhi

zoo

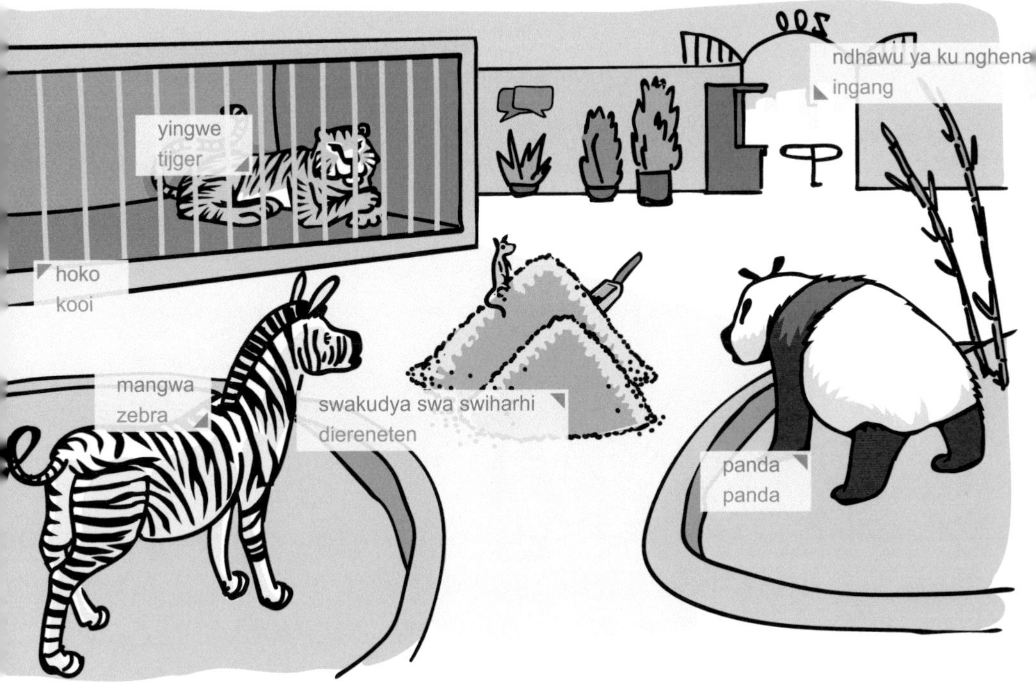
ndhawu ya ku nghena
ingang
yingwe
tijger
hoko
kooi
mangwa
zebra
swakudya swa swiharhi
diereneten
panda
panda

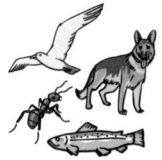

swiharhi

dieren

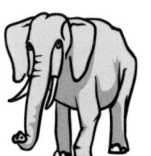

ndlopfu

olifant

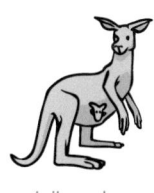

xinjhenghwe

kangoeroe

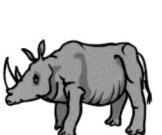

mhelembe

neushoorn

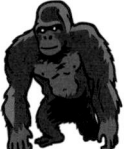

gorila

gorilla

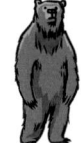

bere

beer

kamela

kameel

yintsha

struisvogel

nghala

leeuw

nkawu

aap

flamingo

flamingo

hokwe

papegaai

bere

ijsbeer

penguin

pinguïn

shaka

haai

hanti

pauw

nyoka

slang

ngwenya

krokodil

muhlayisi wa mintanga ya
swiharhi

dierenverzorger

seal

zeehond

jaguar

jaguar

hanci

pony

yingwe

luipaard

mpfuvu

nijlpaard

nhutlwa

giraffe

gama

adelaar

ngluve ya nhova

wild zwijn

hlampfi

vis

mfutsu

zeeschildpad

nyimpfu ya le lwandle

walrus

mhungubye

vos

mhala

gazelle

bolo ya le Amerika
rugby

kufamba hi xi kanyakanya
wielrennen

tennis
tennis

basketball
basketbal

kuhlambela
zwemmen

ntlango wa ku bana
boksen

khororo ya le ayisini
ijshockey

bolo

voetbal

badminton

badminton

mintlango

atletiek

bolo ya mavoko

handbal

kureta e gambokweni

skiën

polo

polo

mintirho
activiteiten

tlula
springen
angara
knuffelen
hleka
lachen
famba
wandelen
yimbelela
zingen
lora
dromen
khongela
bidden
ntswontswa
kussen

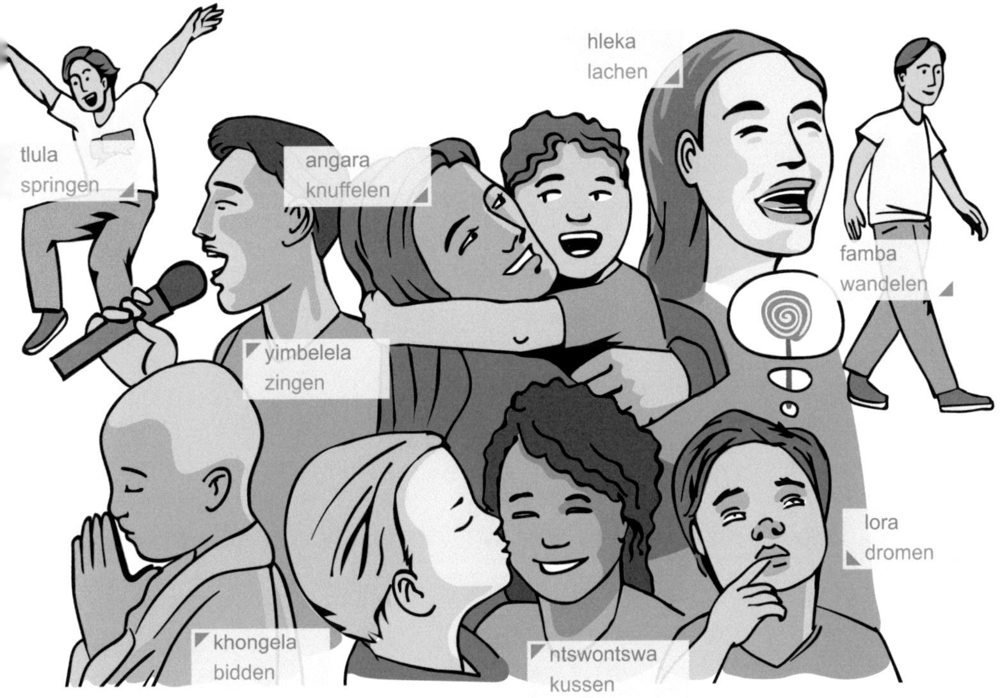

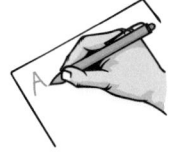

tsala

schrijven

dirowa

tekenen

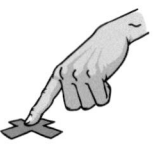

komba

tonen

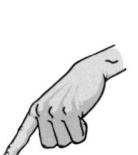

dlidlimeta

duwen

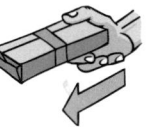

nyika

geven

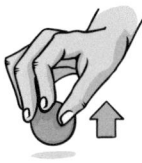

teka

nemen

yi va

hebben

endla

doen

ku va

zijn

yima

staan

tsutsuma

lopen

koka

trekken

lahlela

gooien

wana

vallen

hemba

liggen

rindza

wachten

rhwala

dragen

tshama

zitten

ambala

aankleden

tlela

slapen

pfuka

ontwaken

languta

kijken naar

rila

wenen

bana

aaien

kama

kammen

vulavula

praten

twisisa

begrijpen

vutisa

vragen

yingisa

luisteren

nwana

drinken

dyana

eten

basisa

opruimen

randza

houden van

sweka

koken

chayela

rijden

haha

vliegen

tluta

zeilen

hlaya

rekenen

hlaya

Lezen

hlaya

leren

tirha

werken

teka

trouwen

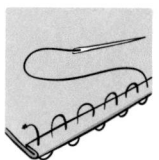

rhunga

naaien

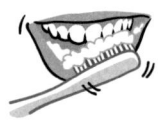

kuhlamba meno

tandenpoetsen

dlaya

doden

dzaha

roken

rhumela

sturen

ndyanghu

familie

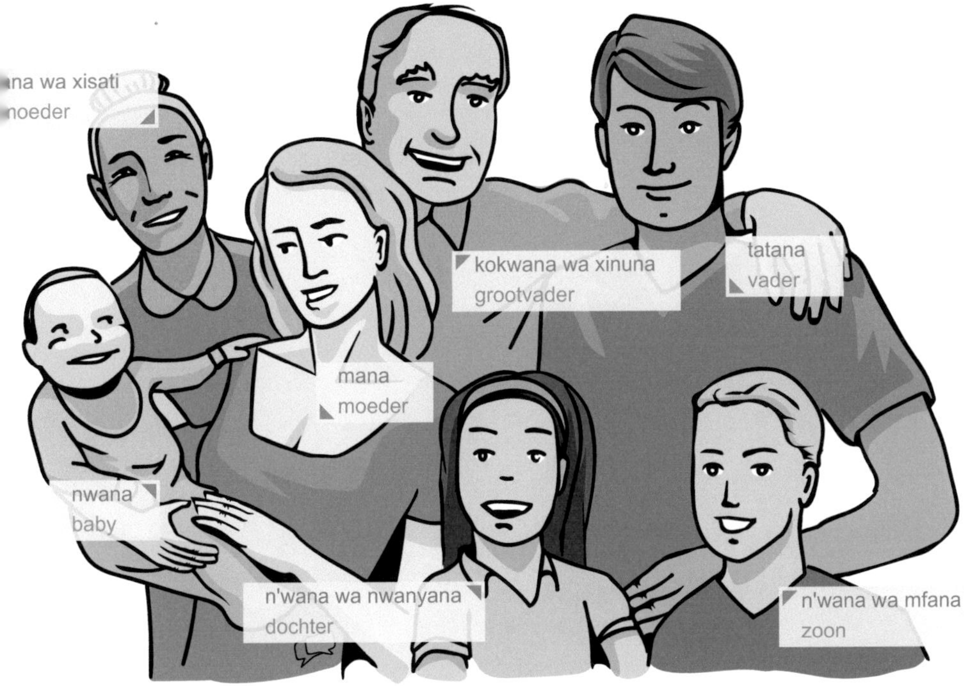
na wa xisati
noeder
kokwana wa xinuna
grootvader
tatana
vader
mana
moeder
nwana
baby
n'wana wa nwanyana
dochter
n'wana wa mfana
zoon

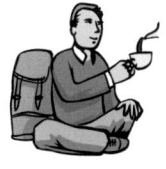

muendzi

gast

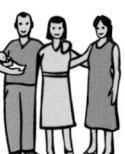

hahani

tante

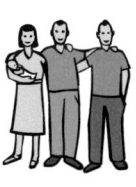

malume

oom

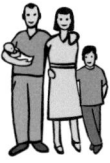

makwerhu

broer

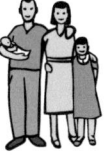

makwrhu

zus

miri
lichaam

mombo
voorhoofd
tihlo
oog
katla
schouder
ritiho
vinger
xikandza
gezicht
xilebvu
kin
voko
hand
bele
borst
nenge
been
voko
arm

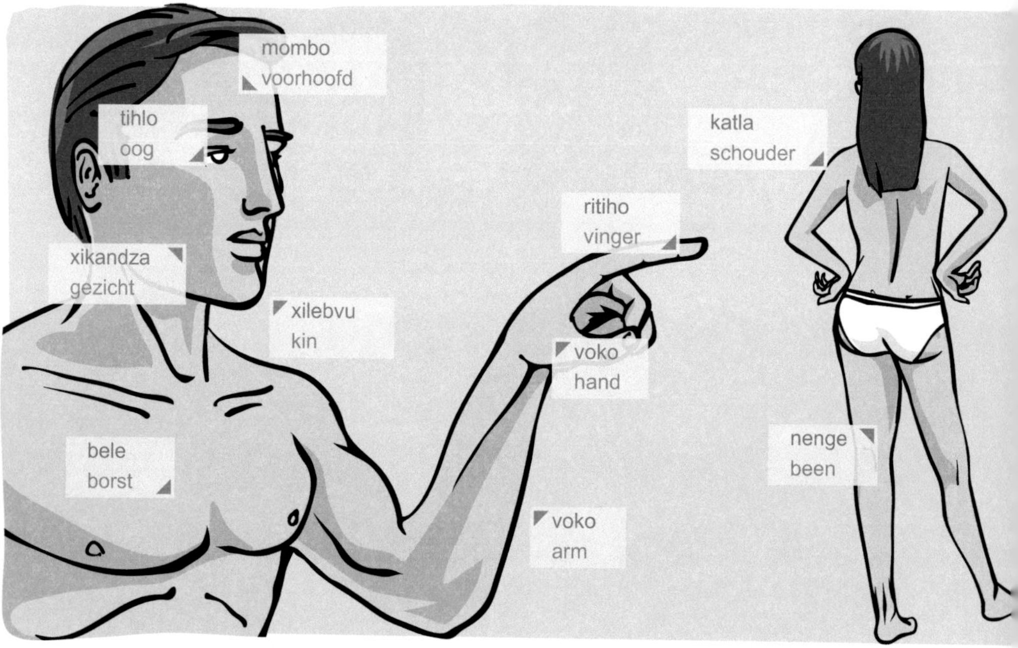

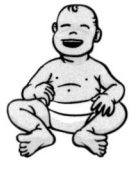

nwana
baby

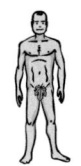

n'wanuna
man

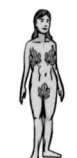

nw'ansati
vrouw

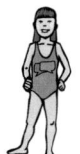

nhwanyana
meisje

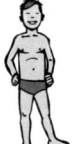

mfana
jongen

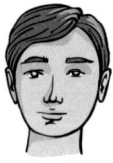

nhloko
hoofd

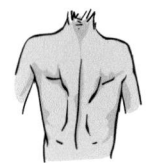

nhlana

rug

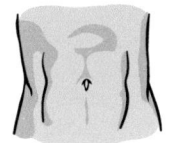

khwiri

buik

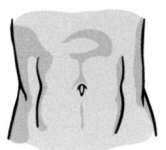

nkava

navel

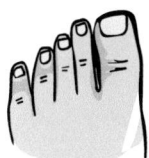

xikunwani

teen

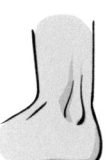

xirhenze

hiel

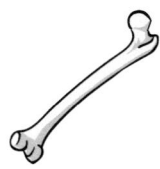

rhambu

bot

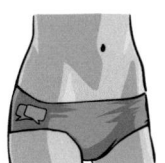

nyonga

heup

tsolo

knie

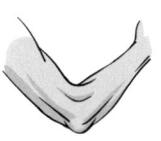

xikokola

elleboog

nompfu

neus

xisuti

zitvlak

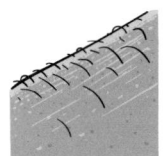

nhlonge

huid

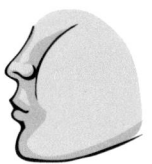

rhama

wang

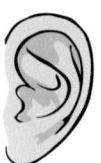

ndlebe

oor

nomu

lip

nomu

mond

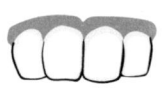

tinyo

tand

ririmi

tong

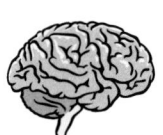

byongo

hersenen

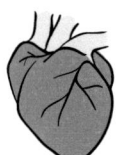

mbilu

hart

nsiha

spier

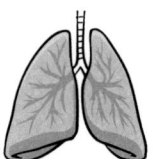

hahu

long

vixindzi

lever

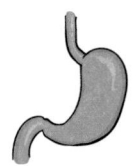

khwiri

maag

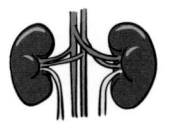

tinso

nieren

masangu

seks

khondomu

condoom

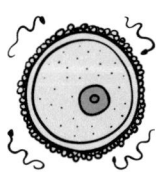

tandza

eicel

mbewu ya vununa

sperma

nyimba

zwangerschap

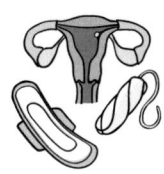

kuya enkarhini

menstruatie

muhocho

vagina

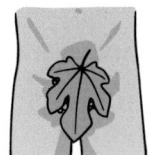

xiluma

penis

tinxiyi

wenkbrauw

misisi

haar

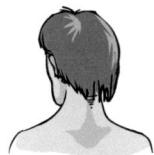

nhamu

nek

xibedlhele
ziekenhuis

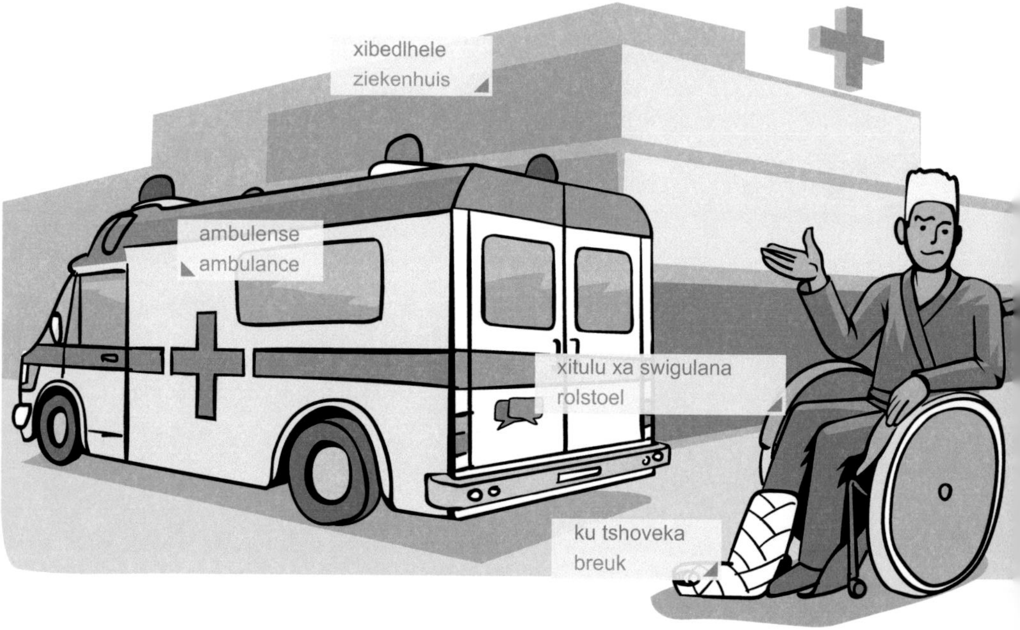

xibedlhele
ziekenhuis
ambulense
ambulance
xitulu xa swigulana
rolstoel
ku tshoveka
breuk

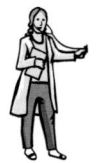

dokodela

dokter

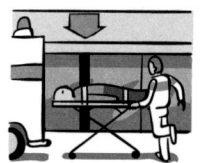

kamara ra xilamulela-mhango

spoed

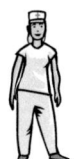

muongori

verpleegkundige

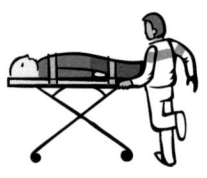

xihatla

noodgeval

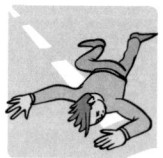

ku titivala

bewusteloos

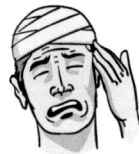

kuvava

pijn

ku vaviseka

verwonding

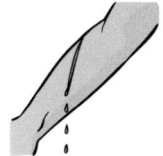

mpfempfa ngati

bloeding

ku hlaseriwa himbilu

hartaanval

ku oma swirho

beroerte

rinyenyo

allergie

khohlola

hoest

xifumbu

koorts

mukhuhlwana

griep

nchuluko

diarree

ku pandza ka nhloko

hoofdpijn

khensa

kanker

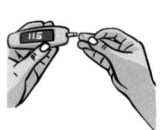

chukela

diabetes

dokodela

chirurg

mukwana

scalpel

vuhandzuri

operatie

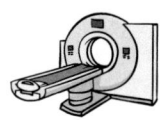

CT

CT

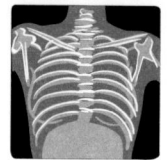

x-rheyi

röntgenstraal

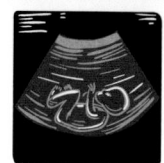

muchini wo yingisela
ntshuka-ntshuko

ultrageluid

xo tipfala tinhomfu

gezichtsmasker

vuvabyi

ziekte

kamara ro rindza

wachtkamer

nhonga

kruk

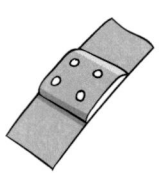

semendhe

pleister

bandhichi

verband

neleta

injectie

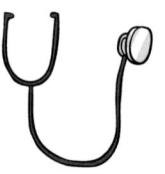

muchini wa madokodela wa
ku yingisa

stethoscoop

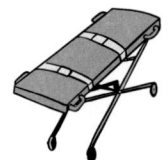

rihlaka

brancard

xipima-mahiselo

thermometer

ku veleka

geboorte

ku nyuhela

overgewicht

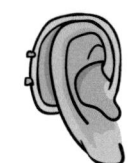

swipfuneta-ku-twa

hoorapparaat

khemikhale yo dlaya
switsongwatsongwana

ontsmettingsmiddel

switsongwatsongwana

infectie

xitsongwatsongwana

virus

HIV / AIDS

HIV / AIDS

miri

medicijn

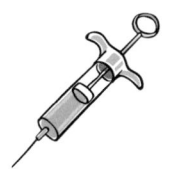

nayiti

vaccinatie

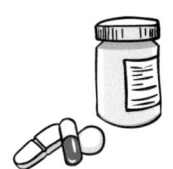

maphilisi

tabletten

pilisi

pil

riqingho ra xihatla

noodoproep

muchini wo kamba
nsusumeto wa ngati

bloeddrukmeter

vabya / hanya

ziek / gezond

Pfunani!

Help!

bele

alarm

ku hlaseriwa

overval

hlasela

aanval

khombo

gevaar

nyangwa wo huma loko ku ri ni mhango

nooduitgang

Ndzilo!

Brand!

xo tima ndzilo

brandblusser

mhangu

ongeval

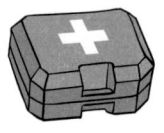

bokisi ra xilamulela-mhango

EHBO-kit

SOS

SOS

phorisa

politie

Yuropa

Europa

Amerika N'walungu

Noord-Amerika

Amerika Dzonga

Zuid-Amerika

Afrika

Afrika

Asia

Azië

Australia

Australië

Atlantic

Atlantische Oceaan

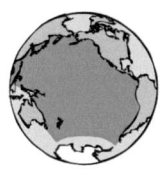

Pacific

Stille Oceaan

Lwandle-nkulu ra Indiya

Indische Oceaan

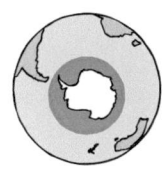

_wandle-nkulu ra Antarctic

Antarctische Oceaan

Lwandle-nkulu ra Arctic

Arctische Oceaan

North Pole

Noordpool

South Pole
Zuidpool

Antarctica
Antarctica

Misava
aarde

tiko
land

lwandle
zee

xihlala
eiland

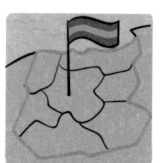

rixaka
natie

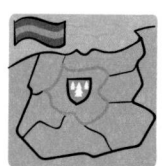

tiko
staat

xikomba nkarhi

wijzerplaat

xikomba-tiawara

uurwijzer

xikomba-timineti

minuutwijzer

xikomba-tisekoni

secondewijzer

I nkarhi muni?

Hoe laat is het?

siku

dag

nkarhi

tijd

sweswi

nu

wachi leyi tshavatelaka

digitale horloge

minete

minuut

awara

uur

viki
week

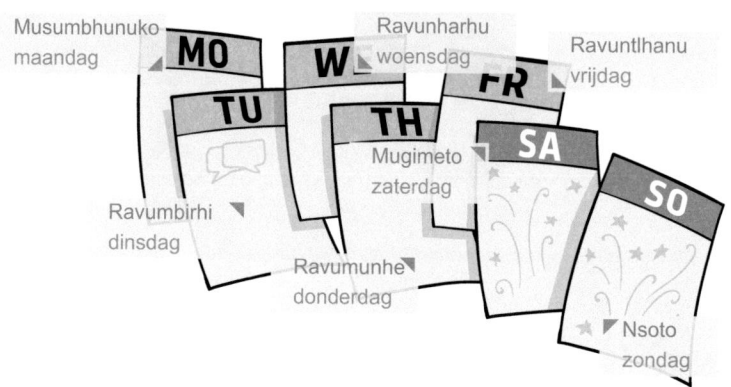

Musumbhunuko
maandag

MO

W Ravunharhu
woensdag

FR Ravuntlhanu
vrijdag

TU

TH

Mugimeto
zaterdag

SA

Ravumbirhi
dinsdag

Ravumunhe
donderdag

SO

Nsoto
zondag

tolo

gisteren

namuntlha

vandaag

mundzuku

morgen

mixo

ochtend

nhlekani

middag

madyambu

avond

MO	TU	WE	TH	FR	SA	SU
1	2	3	4	5	6	7
8	9	10	11	12	13	14
15	16	17	18	19	20	21
22	23	24	25	26	27	28
29	30	31	1	2	3	4

masiku ya ntirho

werkdagen

MO	TU	WE	TH	FR	SA	SU
1	2	3	4	5	6	7
8	9	10	11	12	13	14
15	16	17	18	19	20	21
22	23	24	25	26	27	28
29	30	31	1	2	3	4

mahelo vhiki

weekend

mfpula
regen

nkwangulatilo
regenboog

moya
wind

gamboko
sneeuw

xumun'wana
lente

ximumu
zomer

xixikana
herfst

xixika
winter

4.APRIL	11°	☀
5.APRIL	4°	☁
6.APRIL	13°	☂
7.APRIL	8°	❄
8.APRIL	10°	❄

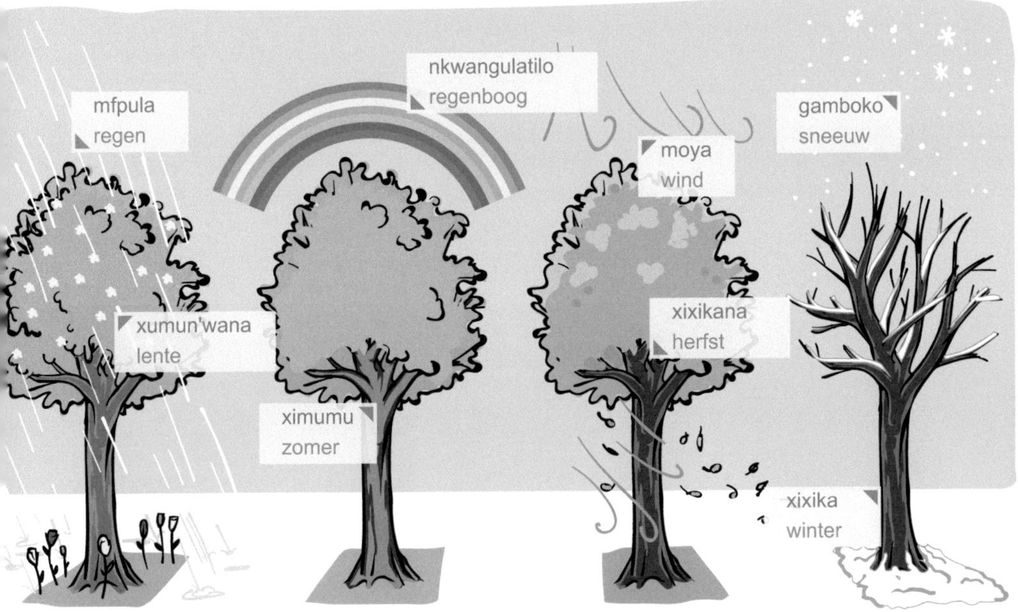

vumbha tamaxelo

weervoorspelling

xipima-mahiselo

thermometer

dyambu

zonneschijn

papa

wolk

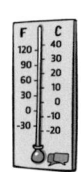

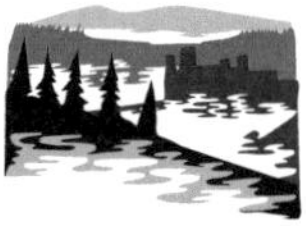

hunguva

mist

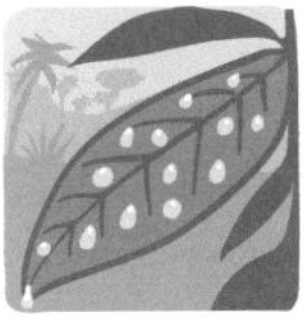

kutsakama

vochtigheid

rihati
....
bliksem

dzindza-tilo
....
donder

xidzedze
....
storm

xihangu
....
hagel

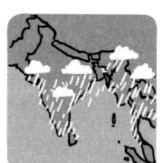

mpfula
....
moesson

ndhambi
....
overstroming

ayisi
....
ijs

Sunguti
....
januari

Nyenyenyana
....
februari

Nyenyankulu
....
maart

Dzivamusoko
....
april

Mudyaxihi
....
mei

Khotavuxika
....
juni

Mawuwani
....
juli

Mhawuri
....
augustus

Ndzhati

september

Nhlangula

oktober

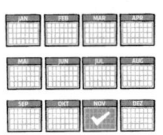

Hukuri

november

N'wendzamhala

december

swivumbeko
vormen

xirendzevutana

cirkel

xikwere

kwadraat

matlhelo ya mune

rechthoek

xivunguvungu xa tintlha
tinharhu

driehoek

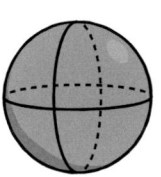

bolo

bol

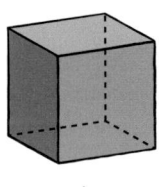

cube

kubus

basa

wit

xitshopana

geel

lamula

oranje

tshwukanyana

roze

tshwuka

rood

xigunguvungu

paars

wasi

blauw

rihlaza

groen

buraweni

bruin

mpunga

grijs

ntima

zwart

84

swo tala / swi tsongo

veel / weinig

hlundzukile / rhurile

boos / kalm

sasekile / bihile

mooi / lelijk

masungulo / makumo

begin / einde

kulu / tsongo

groot / klein

vangama / munyama

licht / donker

buti / sesi

broer / zus

basile / chakile

proper / vuil

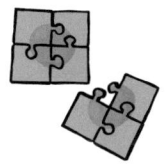

helerile / helelangiki

volledig / onvolledig

siku / vusiku

dag / nacht

file / hanyaka

dood / levend

pfulekile / pfalekile

breed / smal

swa dyiwa / a swi dyiwi

eetbaar / oneetbaar

homboloka / lunghile

kwaadaardig / vriendelijk

tsakile / phirekile

opgewonden / verveeld

nyuhela / lala

dik / dun

masungulo / makumo

eerst / laatst

mungana / nala

vriend / vijand

tele / hava

vol / leeg

tiyile / olova

hard / zacht

tika / vevuka

zwaar / licht

ndlala / torha

honger / dorst

vabya / hanya

ziek / gezond

swi ngariki enawini / enawini

illegaal / legaal

tlharihile / xiphukuphuku

intelligent / dom

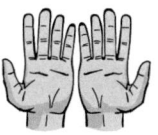

ximati / xinene

links / rechts

akusuhi / kule

dichtbij / veraf

yintshwa / tirhisiwile

nieuw / gebruikt

hava / xin'wana

niets / iets

dyuharile / muntshwa

oud / jong

xarirha / xitimile

aan / uit

pfurile / pfariwile

open / dicht

myerile / huwa

stil / luid

fuwile / xisiwana

rijk / arm

swinene / bihile

juist / fout

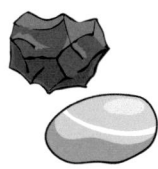

khwasha / reta

ruw / glad

vaviseka / tsaka

droevig / blij

koma / leha

kort / lang

hlwela / hatlisa

traag / snel

tsakama / oma

nat / droog

kufumela / titimela

warm / koud

nyimpi / kurhula

oorlog / vrede

0

noto

nul

1

n'we

één

2

mbirhi

twee

3

nharhu

drie

4

mune

vier

5

ntlhanu

vijf

6

ntsevu

zes

7

nkombo

zeven

8

nhungu

acht

9

nkaye

negen

10

khume

tien

11

khume n'we

elf

12

khume mbirhi

twaalf

13

khume nharhu

dertien

14

khume mune

veertien

15

khume ntlhanu

vijftien

16

khume ntsevu

zestien

17

khumbe nkombo

zeventien

18

khume nhungu

achtien

19

khume nkaye

negentien

20

makhume mambirhi

twintig

100

dzana

honderd

1.000

gidi

duizend

1.000.000

gidi ya magidi

miljoen

Xinghezi

Engels

Xinghezi xa Amerika

Amerikaans Engels

Xichayina xa Mandarin

Chinees (Mandarijn)

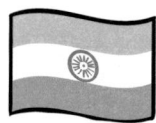

Xihindi

Hindi

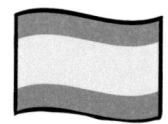

Xipaniya

Spaans

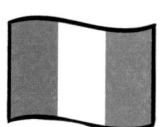

Xifurwa

Frans

Xiarabu

Arabisch

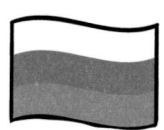

Xirhaxiya

Russisch

Xiputukezi

Portugees

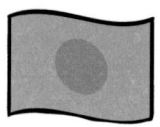

Xibengali

Bengali

Xijarimani

Duits

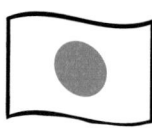

Xijapani

Japans

mina

ik

wena

u

yena / yena / xona

hij / zij / het

hina

wij

n'wina

u

vona

ze

mani?

wie?

yini?

wat?

njhani?

hoe?

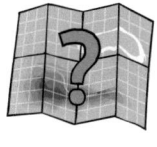

kwihi?

waar?

rhini?

wanneer?

vito

naam

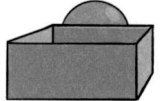

endzaku

achter

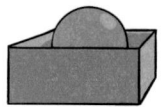

ahehla

in

emahlweni a

voor

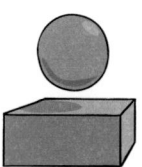

ahenhla ka

boven

eka

op

ehansi

onder

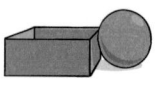

handle ka

naast

exikarhi ka

tussen

ndhawu

plaats